电力法律法规教程

主　编　李　丽

副主编　李修臣　赵　晶

中国财富出版社

图书在版编目（CIP）数据

电力法律法规教程 / 李丽主编 .—北京：中国财富出版社，2019.12（2023.7 重印）

ISBN 978 - 7 - 5047 - 7054 - 7

Ⅰ.①电…　Ⅱ.①李…　Ⅲ.①电力法—中国—高等学校—教材　Ⅳ.①D922.292

中国版本图书馆 CIP 数据核字（2019）第 263762 号

策划编辑 李　伟　　**责任编辑** 邢有涛　张天穹
责任印制 梁　凡　　**责任校对** 杨小静　　**责任发行** 白　昕

出版发行	中国财富出版社		
社　　址	北京市丰台区南四环西路 188 号 5 区 20 楼	**邮政编码**	100070
电　　话	010 - 52227588 转 2098（发行部）		010 - 52227588 转 321（总编室）
	010 - 52227566（24 小时读者服务）		010 - 52227588 转 305（质检部）
网　　址	http：//www. cfpress. com. cn		
经　　销	新华书店		
印　　刷	北京九州迅驰传媒文化有限公司		
书　　号	ISBN 978 - 7 - 5047 - 7054 - 7/D · 0170		
开　　本	710mm × 1000mm　1/16	**版　　次**	2020 年 10 月第 1 版
印　　张	12. 75	**印　　次**	2023 年 7 月第 3 次印刷
字　　数	202 千字	**定　　价**	56. 00 元

前　言

随着“依法治国”理念的落实以及电力行业的迅速发展，电力企业依法合规开展各项业务是促进企业健康发展的重要条件。在这样的大背景下，电力企业对法律法规的培训需求与法律法规培训资源严重不足的矛盾日益凸显，尤其是对一线电力职工进行培训的教材出现了短缺。目前的电力法规培训教材要么内容陈旧、过于专业，数量庞大，要么以案例为主、存在知识碎片化等情况，这些都不利于普通电力职工学习专业的法律知识。为了改善这种状况，也为了促进电力法规知识的普及，我们进行了全新的尝试，编写了这本《电力法律法规教程》。

本教材有以下特点：第一，突破原有的电力法律体系的框架，加入了新的与电力行业相关的法律法规。第二，运用信息化的学习手段使得本教材具有了一体化教材的特征，并通过二维码为学员呈现了丰富的拓展资源，同时也提供电子课件、微课视频、习题库等配套的教学及学习资源。第三，教材内容本着适量适度的原则，内容关注最基本的电力法律法规知识，结合了各个岗位的实际需求，减轻了学员的负担。

本教材基于对实际工作及需求情况的分析，通过多样化的培训方式和与现实岗位紧密联系的培训内容，为电力企业职工的电力法律法规培训提供一种新选择。

由于本教材编者水平有限，且相关法律也处在变化之中，书中的错误和疏漏之处在所难免，恳请广大读者提出宝贵意见和建议，以便进一步修订和改进。

编　者

2020 年 3 月

目　录

模块一　法律基础知识

【学习目标】

知识目标：掌握法的概念与特征，理解法的作用，了解法律渊源的表现形式，重点掌握法律关系及其分析方法。

能力目标：能够运用法律的思维分析一些基本的法律关系，解决简单的法律问题。

第一部分　案例与分析

法的起源

《华西都市报》2001年9月4日报道了轰动全国的农民状告公安机关不作为案审理情况。在1998年5月16日至19日的4天3夜中，阆中市水观镇农民李茂润连续遭到一名叫郑国杰的疯子的追杀，5月19日晚，在向阆中市公安机关求助未果的情况下，李茂润从自家二楼跳下，腿被当场摔断，经鉴定为八级伤残。李茂润向阆中市公安局索赔364万元。阆中市人民法院一审判决被告违法，共赔偿李茂润19751.32元。结合该案例，说说国家权力与公民权利之间的关系。

提示：《中华人民共和国宪法》规定，中华人民共和国的一切权力属于人民。国家权力的正确行使是实现公民权利的基础和前提，国家要承认并保护公民权利。本案中李茂润的正当人身权利受到不法侵害，公安机关依法应对公民人身安全负有保护职责。公安机关的不作为导致公民损害加重，依法应当予以赔偿。

第二部分　模块学习与引导

1.1　法与法律的概念

1.1.1　法的概念

法是统治阶级意志的体现，是由国家制定或认可，并由国家强制力保证实施的社会规范的总称，其内容是由统治阶级的物质生活条件决定的，通过规定社会关系主体的权利和义务，确认、保护和发展对统治阶级有利的社会关系和社会秩序。

1.1.2　法律的概念

对法律的理解有广义和狭义两种。广义上的法律与法的含义相同，是指法的整体；狭义上的法律仅指法的一种表现形式，即具有立法权的国家机关按照一定的程序制定的规范性文件。在我国，狭义上的法律指全国人民代表大会及其常务委员会所制定的规范性文件。

1.2　法的基本特征和作用

1.2.1　法的基本特征

1. 法是由国家制定或认可的行为规范，是掌握国家政权的统治阶级意志的体现。

2. 法是由国家强制力保证实施的。

3. 法对全体社会成员具有普遍约束力，是人人都必须遵守的行为规范。

1.2.2 法的作用

法的作用是指法对人与人之间所形成的社会关系所发生的一种影响，它表明了国家权力的运行和国家意志的实现。法的作用可以分为规范作用和社会作用。规范作用是根据法是调整人们行为的社会规范这一角度提出来的，而社会作用是根据法在社会生活中要实现一种目的的角度来认识的，两者之间的关系：规范作用是手段，社会作用是目的。

具体而言，法的规范作用主要表现为指引作用、评价作用、预测作用、教育作用、强制作用；法的社会作用主要表现为维护统治阶级的统治、执行社会公共事务。

1.3 法的渊源

法的渊源是指法律规范的来源，对它的含义可从两个方面理解：一是从法的内容上看，指法的内容的来源；二是从法的形式上看，指法的效力来源。在通常意义上，人们是从法的形式上来理解。

我国社会主义法的渊源是指我国社会主义法律规范的创制方式和外部表现形式，其特点：国家机关制定的规范性法律文件是我国法的主要渊源，习惯只有在国家明确认可的情况下才具有法的渊源的意义。

我国社会主义法的渊源主要分为以下几类。

1. 宪法

宪法是国家的根本大法，是国家的总章程，拥有最高的法律效力，是其他法的立法依据或基础。宪法的制定和修改，由全国人民代表大会依照特别组织形式和程序进行。一切法律、行政法规、地方性法规和其他规范性文件都不得与宪法的规定相抵触。

2. 法律

法律是由全国人民代表大会及其常务委员会依法制定和修改的，规定和调整国家、社会和公民生活中某一方面带根本性的社会关系或基本问题的法。法律的地位和效力低于宪法而高于其他法。法律分为基本法律和一般法律两种。基本法律由全国人民代表大会制定和修改，在全国人民代表大会闭会期间，全国人民代表大会常务委员会也有权对其进行部分补充和修改，但不得同其基本原则相抵触，一般法律由全国人民代表大会常务委员会制定和修改。

3. 行政法规

行政法规是由国务院依法制定和修改的，有关行政管理和管理行政事项的规范性法律文件的总称。其法律效力和地位低于宪法和法律，在全国范围内有效。其形式包括条例、规定、办法等。

4. 地方性法规

地方性法规是由各省、自治区、直辖市的人民代表大会及其常务委员会制定的规范性文件的总称。省、自治区、直辖市以及省级人民政府所在地的市和经国务院批准的较大的市的人民代表大会及其常务委员会，也可以在一定条件下制定地方性法规。地方性法规不得与宪法、法律、行政法规相抵触，且仅在创制地方性法规的权力机关所管辖的区域内有效。

5. 行政规章

行政规章是有关行政机关依法制定的事关行政管理的规范性文件的总称，分为部门规章和政府规章两种。部门规章是国务院所属部委根据法律和国务院行政法规、决定、命令，在本部门的权限内，所发布的各种行政性的规范性法律文件，亦称部委规章。政府规章是有权制定地方性法规的地方人民政府根据法律、行政法规，制定的规范性法律文件，亦称地方政府规章。政府规章除不得与宪法、法律、行政法规相抵触外，还不得与上级和同级地方性法规相抵触。

6. 自治条例和单行条例

自治条例和单行条例是指由民族自治地方的人民代表大会及其常务委员会制定的规范性文件的总称，在民族自治地方的自治机关的管辖区域内有效。自治区的自治条例和单行条例报全国人大常务委员会批准后生效。自治州、自治县的自治条例和单行条例，报省、自治区和直辖市的人民代表大会常务委员会批准后生效，并报全国人大常务委员会备案。

7. 特别行政区法

特别行政区法是指适用于特别行政区的法律规范的总称，分为两类：

一是特别行政区基本法，它是由全国人民代表大会制定的规定特别行政区内基本制度的法律规范的总称，其效力等同于基本法律。二是特别行政区自治法，它是由特别行政区立法机关行使专属立法权制定和认可的法律规范的总称。这类法律不得与特别行政区基本法相抵触，并须报全国人民代表大会常务委员会备案。

8. 国际条约

国际条约是指国际法主体之间依国际法原则缔结的、规定相互权利与义务的书面协议。凡我国政府签订和加入的国际条约和我国政府认可的国际惯例，对于我国国内的国家机关公职人员、公民及社会组织也具有约束力，因此也是我国法院判案的法律依据之一。

上位法与下位法，新法与旧法

1.4　法律关系的概念及构成要素

1.4.1　法律关系的概念

法律关系是指法律规范在调整主体行为过程中所形成的权利与义务关系，是法律规范在实施过程中产生的一种特殊的社会关系。

法律关系的构成有三个要素：法律关系主体、法律关系客体和法律关系内容。

1.4.2　法律关系主体

法律关系主体是指在法律关系中享有权利、承担义务的公民、机构和组织，享有权利的一方称为权利人，承担义务的一方称为义务人。法律关系主体在绝大多数情况下是既享有某些权利，又承担某些义务的。法律关系主体应当具备两种主体能力：①权利能力，指法律关系主体依法享有权利和承担义务的资格；②行为能力，指法律关系主体能够以自己的行为依法享有行使权利和承担义务的能力。我国社会主义法律关系主体包括以下几种：公民（自然人）、机构和组织（法人）、国家。

1.4.3 法律关系客体

法律关系客体是指法律关系主体之间的权利和义务所指向的对象，它是构成法律关系的要素之一。法律关系客体是法律关系发生和存在的前提。法律关系客体可以分为以下几类：

1. 物（物权法律关系）。
2. 给付行为（债权法律关系）——积极行为、消极行为。
3. 智力成果（知识产权法律关系）。
4. 人身利益（人身权法律关系）。
5. 权利本身（权利质权关系）。

1.4.4 法律关系的内容

法律关系的内容是指具有法律上权利义务关系形式的社会关系。具有三层含义：①法律上的权利和义务。这是法律关系的法律内容，这一内容揭示法律关系的法律特征。②事实上的社会关系。这是法律关系的社会内容，这一内容揭示法律关系的社会特征。③享受权利和履行义务的事实行为。这是法律关系的物质内容，它体现了法律关系的法律内容和社会内容的联系。通常所说的法律关系内容，是指法律关系的法律内容，即法律上的权利和义务。

1.5 电力法的概念

电力法是调整人们在电力建设、电力生产、电力供应、电力使用和电力管理过程中所发生的社会经济关系的法律规范的总称。电力法有广义和狭义两种。广义的电力法是指国家在调整电力建设、生产、供应、使用及管理等活动中所发生的各种社会经济关系的一系列法律规范的总称。国家管理电力的法律、行政法规、部门规章条例和地方法规等，均属于广义电力法的范畴。狭义的电力法指的是《中华人民共和国电力法》（以下简称“电力法”）本身，是电力法律法规的核心内容。

1.6　电力法体系

1.6.1　电力法体系的概念

电力法体系是指以“电力法”为核心，以有关电力建设、生产、供应、使用及电力设施保护等方面的法律、行政法规、地方性法规以及规章、规范性文件为补充，所形成的不同层次、不同等级、不同方面的有机结合体。

1.6.2　电力法体系的构成

我国电力法体系可分为电力法律、电力行政法规、电力行政规章和电力地方性行政法规及规章。电力规章包括国务院电力管理部门颁布的规章和省、自治区、直辖市人民政府制定的规章。

①属于电力法律的有“电力法”，它是我国电力法规体系的核心部分。

②属于电力行政法规的有《电力设施保护条例》《电网调度管理条例》《电力供应与使用条例》和《电力监管条例》四个条例，初步搭建起我国电力法规体系的主要支撑部分。

③属于电力行政规章的有《电网调度管理条例实施办法》《供用电监督管理办法》《供电营业区划分及管理办法》《用电检查管理办法》《居民用户家用电器损坏处理办法》《供电营业规则》《电力工业环境保护管理办法》《电力设施保护条例实施细则》等。

1.7　电力法的适用

1. 适用的地域效力

“电力法”适用于中华人民共和国境内的电力建设、电力生产、电力供应和使用活动。

2. 适用的对象

凡在中华人民共和国境内从事电力建设、电力生产、电力供应和使用活动，都必须遵守“电力法”。

3. 适用的范围

“电力法”在行为的权限方面只适用于电力建设活动、电力生产活动、电力供应活动、电力使用活动、电力监督管理活动和电力设施保护活动等。只有在电力建设、生产、供应、使用、经营、管理、保护活动中产生的法律关系才由“电力法”调整。但是需要注意的是，这些法律关系除了受“电力法”调整外，还受到其他相关法律的调整。

4. 对人的效力

无论是自然人还是法人，无论是中国人还是外国人，只要在中华人民共和国境内从事电力建设、电力生产、电力供应和使用活动，都必须遵守“电力法”，不允许任何组织和个人有超越法律的特权。

1.8 电力法律关系

1.8.1 电力法律关系的主体

电力法律关系的主体是指在“电力法”规定的范围内行使权利、履行义务的当事人，具体包括各级人民政府及有关部门、电力管理部门、司法机关、电力企业、社会组织及自然人等。

1.8.2 电力法律关系的客体

电力法律关系的客体是指电力法律关系主体的权利和义务所指向的对象，即行为、物和一定的社会关系。“行为”包括作为和不作为；“物”可以是电力设施，可以是其他物，如电线杆、树木、房屋等；这里的“社会关系”是电力设施保护法律法规关系所确认的和加以调整的部门之间、个人之间、部门与个人之间的制约关系。

1.8.3 电力法律关系的内容

电力法律关系的内容指电力法律关系主体所享有的权利和承担的义务。权利，指电力法律法规授予权利人在规定的范围内，根据自己的分工进行各种管理活动，实现保护电力设施的目的。当有人破坏这种目的，或他人的行为使自己的权利不能实现时，有权要求国家机关给予行为人惩罚，保护自己的权利。义务，是电力法律关系主体依法承担的某种必须履行的责任，是设定或隐含在法律规范中，并实现于法律关系中的，主体以相对抑制的作为或不作为的方式保障权利主体获得利益的一种约束手段。例如，电力用户有用电不得危害供电、用电安全和扰乱供电、用电秩序的义务。

1.9 电力法的基本原则

1. 电力事业应当根据国民经济和社会发展的需要适当超前发展的原则

适当超前发展是指从我国的现状出发，依据国民经济和社会发展的需要而适当超前发展。也就是说，要使电力发展速度适当高于国民经济发展速度，使电力工业在国民经济中先行，以解决或避免出现电力成为制约国民经济发展“瓶颈”的问题。这是在总结了我国长期缺电的教训及吸取了国外一些发达国家的经验后而确定的原则。

2. 国家鼓励国内外经济组织和个人依法投资开发电源，兴办电力生产企业，实行谁投资谁收益的原则

在计划经济模式下，我国电力工业由国家投资兴办，不允许除国家投资主体以外的其他组织或个人进行投资。结果由于投资渠道单一，电力建设事业发展速度缓慢，远不能适应国民经济与人民生活发展的需要。随着改革开放，特别是转入市场经济后，国家鼓励投资主体多元化，投资来源多渠道，多条腿走路。这里不仅鼓励国内企业、个人进行投资，更以优惠政策鼓励外资企业和个人参与投资，实行谁投资谁收益的原则，以调动各方的积极性来加速我国电力工业的发展。

3. 电力设施和电能受国家保护的原则

电力设施的保护涉及电力建设、生产、供应、使用过程中能否安全有序运转的问题，关系重大，历来受到国家的高度重视。为了保护电力设施的安全，国务院在 1987 年发布《电力设施保护条例》。1998 年又依据“电力法”对《电力设施保护条例》进行第一次修订；2011 年进了第二次修

订。随着经济体制改革的深入发展，各种新情况、新问题日益突出，各种破坏或损坏电力设施的恶性事件屡有发生，严重威胁到电力的安全生产与运行，为了加大对电力设施的保护力度，“电力法”对电力设施的保护作出了严格规定，进一步明确和强化了有关行政部门在电力设施保护中的职责和任务。

4. 电力建设和电力生产要依法保护环境，防治公害的原则

随着社会的发展与进步，环境问题日益受到人们的重视，我国为此也陆续颁布了许多法律法规，如《中华人民共和国环境保护法》《中华人民共和国大气污染防治法》《火电建设项目前期环境保护管理办法》等，都做出了保护环境的有关规定。在“电力法”中也特别强调：电力建设、生产、供应和使用应当依法保护环境，采用新技术，减少有害物质排放，防治污染和其他公害，国家鼓励和支持利用可再生能源和清洁能源发电。

5. 国家鼓励和支持利用可再生能源和清洁能源发电的原则

6. 电力企业依法实行自主经营，自负盈亏并接受监督的原则

长期以来，电力企业已习惯计划管理行政命令式的一套经营管理模式，但这已不能适应形势的发展。随着我国市场经济体制的建立，电力企业同全国各行各业一样，也要面向市场，建立竞争性的电力市场，建立新型的现代企业制度，使电力企业真正成为独立的法人实体，自主经营，自负盈亏，这是电力企业走向市场的前提条件。同时，政企分开后，电力企业还应自觉接受电力管理部门及政府各职能部门的监督管理。

7. 国家帮助和扶持少数民族地区、边远地区和贫困地区发展电力事业的原则

我国是一个多民族的国家，由于历史和自然因素等，至今仍有许多边远贫困地区及少数民族地区，在经济、文化等方面的发展相对落后，而电力发展缓慢，也制约了当地经济的发展。国家在电力发展规划中贯彻帮助和扶持少数民族地区、贫困地区发展电力事业的原则，以便有效地促进当地经济的发展。

电力法的发展历史

8. 国家鼓励采用先进的科技和管理方法发展电力事业的原则

当前，科技的飞速发展预示着知识经济时代的到来，电力工业发展也是如此。低能耗、高效率、无污染的发电设施，超高压、远距离的输电设施及可靠性好、自动化程度高、先进的科技与方法在电力工业中已比比皆是。为迅速赶超世界先进水平，国家鼓励在电力建设、生产、供应和使用过程中采用更为先进的科学技术和管理方法。对在研究、开发中采用先进科学技术和管理方法等方面作出显著贡献的单位和个人给予奖励，向科技要效益，向管理要效益，走出一条高速发展电力事业的新路子。

【模块小结】

电力企业的法制化管理具有其明确的要求和丰富的内涵。电力企业要在市场经济中求生存、求发展，就必须从企业设定、组建之日起，依法办事、依法经营、依法管理，依法建立各项企业制度，依法妥善处理各类法律关系。目前，以“电力法”为核心的与电力企业、电力用户紧密相关的电力法律法规，已经形成一个基本框架。然而在具体贯彻执行中仍有许多不尽如人意之处，仍然存在许多困扰电力企业的问题，如电力用户拖欠巨额电费、电力设施屡遭破坏、窃电现象严重、电力基本建设工程受阻等。

本章为大家介绍了法的基础知识和“电力法”的基本内容，通过搭建基本知识结构帮助大家形成初步的法律思维，初步掌握相关法律知识。

第三部分　知识巩固

一、不定项选择题

1. 我国《宪法》第三十三条第二款规定：“中华人民共和国公民在法律面前一律平等。”我国《立法法》第二条第一款规定：“法律、行政法规、地方性法规、自治条例和单行条例的制定、修改和废止，适用本法。”关于上述两个条文“法律”一词的理解，下列表述正确的是（　　）。

A. 两个条文中的“法律”含义相同

B. 《立法法》第二条中的“法律”专指全国人大常委会制定的法律

C. 《宪法》第三十三条中的“法律”专指全国人大及其常委会制定的法律

D. 《宪法》第三十三条中的“法律”包括《立法法》第二条中的“法律”……“行政法规”和“地方性法规”

2. 某保安公司与湖南省邵东县综合治理委员会办公室签订协议，以每月7.5万元的承包费，在夜里10时到次日早6时，为县城区提供有偿治安巡逻服务。“转包”治安权这一事件说明了（　　）。

A. 因地制宜地维护治安是政府的基本职责

B. 保安巡逻是治安防控的协助力量

C. 社会治安需要综合治理

D. 某些行政执法部门缺乏法制观念，滥用权力

3. 下列法律格言与其阐释对应准确的是（　　）。

A. 不知自己之权利，即不知法律：权利人享有的权利，是事实问题也是法律问题

B. 紧急时无法律：在紧急状态下不存在法律

C. 法律不强人所难：只要人能做到的，都是法律所要求的

D. 法的发展在于社会本身：法只要以社会为基础，就可以脱离法学而存在

4. 法治国家要求形成独立、合理的法律（　　）。

A. 司法权　　B. 决策机制　　C. 执行机构　　D. 运行机制

5. 下列有关法与社会关系的表述何者为正确？（　　）

A. 中国固有的法律文化深受伦理的影响；而宗教对于西方社会法律信仰的形成具有重要的影响，为确立“法律至上”观念奠定了基础

B. “法的社会化”是西方现代市场经济发展中出现的现象，表明法律是市场经济的宏观调控手段

C. 凡属道德所调整的社会关系，必为法律调整；凡属法律所调整的社会关系，则不一定为道德所调整

D. 生命科学的发展、器官移植技术的成熟对法律具有积极影响

6. 在下列人群中，行为人不负刑事责任的是（　　）。

A. 无辨认能力或者无控制能力的人

B. 醉酒的人

C. 未满 16 周岁的人

D. 又聋又哑的人

E. 生活不能自理的弱智儿童

7. 以保护本国利益为出发点，主张不论犯罪人属于哪国，也不论犯罪地点在国内、国外，只要侵害了本国国家和公民的利益，都适用本国刑法。这种原则称（　　）。

A. 属地原则　　B. 属人原则　　C. 保护原则　　D. 普遍原则

8. 2011 年 7 月 5 日，胡某未经批准，在住宅周围安装电网，8 月 1 日胡某自行拆除。2012 年 3 月 1 日公安机关根据群众举报证实了这一情况。下列说法正确的是（　　）。

A. 胡某的行为不予处罚

B. 胡某的行为应予处罚

C. 公安机关可以酌情决定是否给予处罚

D. 胡某自动拆除，可减轻处罚

9. 根据国家有关法律法规，本着平等、自愿、诚实信用的原则，以供用电（　　）明确供电人与用电人的权利和义务，明确产权责任分界点，维护双方的合法权益。

A. 协议　　B. 合同　　C. 契约　　D. 约定

10. 电力生产与电网运行应当遵循（　　）的原则。

A. 自主经营、自负盈亏

B. 安全、优质、经济

C. 服务市场经济规律

D. 诚实守信、秉公办事

11. 《中华人民共和国民事诉讼法》规定，“合同双方当事人可以在书面合同中协议选择被告住所地、合同签订地、原告住所地、标的物所在地

和人民法院管辖。但不得违反本法对级别管辖和专属管辖的规定。”从法的规范作用看，该项规定属于下列哪种情况？

A. 评价作用　　B. 指引作用　　C. 强制作用　　D. 教育作用

二、简答题

1. 我国电力法律法规体系由哪几部分组成？

2. 简述我国“电力法”的适用范围。

3. “电力法”调整的法律关系有哪些？

三、案例分析题

肖女士为了改变自己的面部形象，到某美容院要求为其整容，为此支付人民币 5000 元，美容院答应其提出的条件，美容师郝某为肖女士完成整容手术，效果很好，得到肖女士的称赞。分析本案例中美容院与肖女士是否成立了法律关系？是什么性质的法律关系？法律关系的要素具体有什么表现？

模块二　物权法与电力法规

【学习目标】

知识目标：能够划分清楚供电企业与用户的产权分界点；熟知电力设施保护区范围，理解实际案例中物权法与电力法规的应用。

能力目标：在处理实际问题时，能够将物权法与电力法规结合运用，对实际问题做出正确的判断，做好法律风险防范。

第一部分　案例与分析

2016年下半年，被告某供电公司在未经原告王某同意的情况下在原告的承包地内安装了电线杆，严重影响了原告耕作经营。2017年3月，王某外出务工回家后才发现其合法权益被侵犯，多次找某供电公司及其下属供电所解决，均未果。2018年2月6日，王某将某供电公司起诉至A市东兴区人民法院，法院进行判决前某供电公司于2018年3月上旬将电线杆从王某的承包地内挪出。电线杆挪出后，某供电公司重新安装的供电设备未对王某的承包地造成妨害。

法律分析：物权应受法律保护，针对妨害物权的行为，权利人可以要求排除妨害。本案中，被告某供电公司在未征得原告王某同意的情况下，在王某的承包地内安装电线杆的行为妨害了王某的物权，但某供电公司在王某通过诉讼主张权利后、法院开庭前已经排除了妨害。因此，王某要求某供电公司拆除其承包地内的供电设备的诉讼请求没有被支持。

第二部分　模块学习与引导

2.1　物的概念及分类

物是能满足人的需要，并为人能够支配的物体或自然力。

2.1.1　不动产和动产

《中华人民共和国物权法》（以下简称《物权法》）第二条第二款规定："本法所称物，包括不动产和动产。"

我国在立法上把不动产分为土地和定着物两部分。土地作为重要的自然资源，要成为支配的对象和交易的客体，必须加以特定化，这种特点主要是通过登记来完成的，因此土地一般都有地籍。定着物是指固定附属于土地上的物，在我国现行法律规定中主要包括房屋等建筑物、构筑物和林木等。

动产是指不动产以外的物。

动产和不动产的区分重点在于位置移动对其价值的影响。对动产而言，能动是其基本特点，其容易移动位置且价值不会因移动位置而受影响；对不动产而言，其位置固定不动，一般不能移动，或者移动会导致其价值受到重大损失。基于以上原因，两者在物权变动方式、物权形态等诸多方面存在重大区别。

动产的公示方式为交付占有，不动产的公示方式则为登记，这样动产买卖就因交付而转移所有权，而不动产则必须办理登记才能转移所有权。

【思考】电力设施属于动产还是不动产？

2.1.2　主物与从物

物可分为主物和从物。有附属物的财产即为主物，附属物即为从物。电视机与遥控器、汽车与备用轮胎等是主物与从物的关系。

两物构成主从关系的要件：①从物为独立的物；②两物为从属关系；③两物同属一人。

2.1.3　原物与孳息

原物是指产生孳息的物；孳息是指原物所生出的收益物，例如果树结出的果实、母牛生出的小牛，其中果树与母牛是原物，果实与小牛是孳息。

孳息分为天然孳息和法定孳息。天然孳息如上例所示；法定孳息如租金、利息等指因法律关系产生的收益。

2.2　物权的内涵

2.2.1　物权的概念

根据《物权法》第二条第三款的规定，物权是指权利人依法对特定的物享有直接支配和排他的权利，包括所有权、用益物权和担保物权。具体而言，物权体现为对物进行直接支配并享受其利益的权利；禁止他人妨碍其支配的权利。

2.2.2　物权的特征

1. 物权是支配权

物权是权利人直接支配的权利，即物权人可以依自己的意志就标的物直接行使权利，无须他人的意思表示或义务人的行为介入。

2. 物权是绝对权

物权的权利人可以对抗一切不特定的人。物权的权利人是特定的，义务人是不特定的，且义务内容是不作为，即只要不侵犯物权人行使权利就履行了义务。

3. 物权是财产权

物权是一种具有物质内容的、直接体现为财产利益的权利。财产利益包括对物的利用、物的归属和就物的价值设立的担保。

4. 物权具有排他性

物权人有权排除他人对其行使物权的干涉，而且同一物上不许有内容不相容的物权并存，即“一物一权”。

2.3 物权法

物权法是民法的重要组成部分，它是调整人（自然人、法人、其他组织、国家）对物的支配关系的法律规范的总和。

2.3.1 物权法的调整对象

物权法的调整对象是因物的归属和利用而产生的民事关系，即物权法规定了人对物的支配范围。①人对物的全面的支配关系。既包括对物的价值的支配，也包括对物的使用价值的支配，这在物权法上形成所有权制度。②人对物的利用关系。指物的所有人及非所有人对物的利用关系。③人对物的交换价值的支配关系。④人对物的占有关系。物权法出于维护社会秩序和交易的安全，调整人对物事实上的占领、控制关系。

2.3.2 物权法律关系

物权法律关系是物权主体之间基于对特定物的支配而产生的权利义务关系。物权法律关系具有三个要素，即主体、客体和内容。

1. 物权法律关系的主体

物权法律关系的主体既可以是自然人，也可以是法人。基于物权的强大排他效力，物权的主体也应该是特定的。我国的物权法律关系主体可以包括国家、集体和个人。

2. 物权法律关系的客体

物权法律关系的客体原则上是指有体物，是指存在于人身之外，能够为人所控制，并具有一定的经济价值，能够满足人们需要的某种物质实体。作为物权客体的物必须满足以下条件：须为单一物、独立物、有体物、特定物、有用物、必须与人身相分离、必须为人力所能控制。参考我国《物权法》第二条第二款的规定，物可以分为动产和不动产。

3. 物权法律关系的内容

物权法律关系的内容就是物权法律关系中的权利和义务，即物权人的权利和物权义务人的义务。

物权人的权利即为物权，就是物权人对物直接支配，而无须他人协助，单独地享有物上的利益，并排除他人干涉的权利。物权必须通过公示方式使第三人知道，才能够使该权利产生对抗第三人的效力。

物权义务人的义务就是不得妨害物权人行使物权的义务，其义务形式是不作为，义务主体是物权人之外的其他人。

2.3.3　物权法的作用

制定物权法最直接的目的是明确物的归属，发挥物的效用，这与物权法的作用密切相关。物权法的作用主要体现在两方面：确定物的权属和物尽其用。制定物权法，就是要充分发挥物权法这两个方面的作用，为权利人充分利用财产创造一个良好的法制环境，鼓励权利人创造财富，积累财富。使“有恒产者有恒心”。保障安居乐业，促进经济发展和社会进步。因此，物权法把明确物的归属、物尽其用作为立法目的。

2.4　物权法的基本原则

2.4.1　物权法定原则

物权法定原则，指物权的种类，各类物权的内容、效力以及创设的方式都由法律直接规定，不能由当事人任意创设。我国《物权法》第五条规定：“物权的种类和内容，由法律规定。”物权法定原则为法律的强制性规定，当事人必须遵守。

2.4.2　一物一权原则

一物一权原则主要包含以下几项内容。

1. 从客体上看，一物之上只能存在一个所有权，一个所有权的客体仅为一个特定物具体来说：①所有权客体仅为有体物，无体物不能成为所有权的客体，但在例外情况下，可以成为他物权的客体。②一个所有权的客体仅为一个独立物，根据一物一权原则，只有在作为物权的客体的物具有独立性和特定性的情况下，才能明确物权的支配范围，使物权人在客体之上形成物权并排斥他人的干涉。③物权的客体必须是特定的物。④一物的某一部分不能成立单个的所有权。

2. 从权利形态看，由于物权具有排他性，因此，同一物之上可以并存数个互相并不矛盾的物权，但同一物之上不得成立两个所有权或两个在内容上相互矛盾的物权

具体来说：①同一物之上不得存在两个所有权。②同一物之上不得成立两个所有权或成立两个在内容上相互矛盾的物权。物权的排他效力并不否认在同一物之上并存数个内容并不矛盾的物权，所有权与其他物权可以同时并列。同一物之上也可以设定数个担保物权。

2.4.3 公示、公信原则

公示原则，指在物权发生变动时，必须以一定的公示方法表现其变动，从而使第三人知悉物权变动情况。物权变动的公示方法主要有两种：交付和登记。我国《物权法》第六条规定："不动产物权的设立、变更、转让和消灭，应当依照法律规定登记。动产物权的设立和转让，应当依照法律规定交付。"

公信原则，指一旦当事人变更物权，依据法律的规定进行了公示，则即使依公示方法表现出来的物权不存在或存在瑕疵，但对于信赖该物权的存在并已从事了物权交易的人，法律仍然承认其具有与真实的物权存在相同的法律效果，以保护交易安全。

2.5 物权变动

2.5.1 物权变动的内涵

物权的发生、转移、变更、消灭，统称为物权变动。

物权的发生分为原始取得和继受取得。原始取得是指不依据他人既存之权利而取得物权。先占、添附、时效取得均为原始取得。继受取得是指基于他人现存的权利而取得物权。根据继受方法不同，可以分为移转继受取得和创设继受取得。

特权转移，即物的所有权的转移，包括动产及不动产的转移。

物权的变更包括主体变更、客体变更和内容变更。主体变更即物权的取得与丧失；客体变更即标的物在量上的增加和减损；内容变更即物权的权利扩张或缩减。

物权消灭，是指物权与其主体分离，形态分为绝对消灭和相对消灭。绝对消灭是指物权的标的物失去其存在，导致物权本身归于消灭；相对灭失是指物权主体变更，其权利归属于另一新的权利主体。

2.5.2　《物权法》关于物权变动的相关规定

1. 不动产

不动产的变动实行统一登记制度，经依法登记发生效力；未经登记不发生效力；法律另有规定的除外。依法属于国家所有的自然资源，所有权可以不登记。

2. 动产

动产物权的设立和转让，自交付时发生效力。动产物权设立和转让前，权利人已经依法占有的，物权自法律行为生效时发生效力。

对于船舶、航空器和机动车等特殊动产物权的变动，采取登记对抗主义，即未经登记不得对抗善意第三人。

3. 物权变动中保护第三人利益的规则

由于物权具有排他性、绝对性的特征，其对物的静态支配和动态的变动，都会涉及其他利害关系人，即第三人的利益。对第三人利益的保护，涉及已经参与交易的人或者潜在的交易主体的利益，实际上是从社会整体利益出发对交易安全的保护。因此物权法调整物权的主体与第三人的关系，在物权法上形成第三人保护的法律制度。

第三人受登记的公信力保护条件：①登记的错误不能由登记簿中发

现。②第三人须为善意。③第三人取得权利须基于法律行为，而且此法律行为除登记名义人实际上无处分权外，在其他方面均须具备法律规定的有效要件。④须为无异议登记。

2.6 所有权

2.6.1 所有权的概念

所有权指所有人在法律限定的范围内，对于所有物全面支配的权利，即所有人对自己的不动产或者动产，依法享有占有、使用、收益和处分的权利。所有权是最完整、最充分的物权。为充分发挥物的效用，从所有权中可以分离、派生、引申出各种其他的物权。

2.6.2 所有权的特征

1. 绝对性

所有权是绝对权。所有权不需要他人的积极行为，只要他人不加干预，所有人便能实现其权利。

2. 全面性

所有权是所有人在法定限制范围内对所有物加以全面支配的权利。所有人对所有物享有占有、使用、收益和处分的完整权利。

3. 永久性

所有权的存在不存在期限限制。所有权以永久存续为本质，除因标的物灭失、取得时效、所有人抛弃等事由而消灭外，不因时效而消灭。所有权本身也可以附条件或期限，但对所有权本身并无影响。

4. 弹力性

所有权的弹力性，指所有物上即使设定了他物权，当这些权利消失时，所有人仍然保持着其支配权。所有权的弹力性意味着，在现实生活中，所有权的任何一项权能，都可以和所有权分离。即使所有权所有的已知表征均被剥夺，仍潜在保留其完整性。

2.6.3　所有权的权能

1. 占有

占有是指所有权人对财产实际上的占领、控制。例如所有人对自己所有的房屋、家具、生活用品的占有，企业对厂房、机器的占有，国家对国有资产、土地的占有等。

2. 使用

所谓使用是指依照物的性质和用途，并不毁损其物或变更其性质而加以利用。使用权一般由所有人自己行使，也可以由非所有人行使。例如使用机器进行生产、居住房屋、在承包的责任田上耕种等。

3. 收益

收益是指收取所有物的利益，包括孳息和利润。孳息分为法定孳息和自然孳息。利润是把物投入社会生产过程、流通过程所取得的利益。例如果树结的果实、羊生的小羊等是孳息；存款放在银行产生的利息为利润。

4. 处分

处分是指所有人对其所有物在事实上和法律上的最终处置。处分分为事实上的处分和法律上的处分。事实上的处分是在生产或生活中使物的物质形态发生变更或消灭。例如粮食被吃掉、房屋被拆除等。法律上的处分指依照所有人的意志，通过某种民事行为对物进行处理。例如将物转让给他人、在物上设定权利、将物抛弃等。

2.6.4　所有权的保护

1. 返还原物请求权

返还原物请求权，是所有人对于无权占有或侵夺其所有物的占有者，请求返还其所有物的权利，又称所有物的回复请求权。该请求权只适用于特定财产，而不是用替代物或代位物。

2. 排除妨害请求权

请求排除妨害，指所有人在其所有物遭受损害和其所有权的行使遭受妨害时，可依法请求不法侵害人排除妨害的请求权。行使排除妨害和返还原物请求权的条件是不同的，两者的主要区别在于：在请求排除妨害的情况下，所有人一般没有丧失对所有物的占有；在请求返还原物的情况下，所有人已丧失了对所有物的占有。

3. 消除危险请求权

消除危险请求权是指对所有物侵害、危害的消除请求权。侵害尚未发生，但是有可能发生或者侵害即将发生，侵害已经形成了足够的现实危险，此时，权利人有权要求消除可能造成所有物毁损的不良状态。

4. 恢复原状请求权

请求恢复原状，是指所有人的财产被他人非法侵害遭到损坏时，如果能够修理，所有人有权要求加害人通过修理恢复财产原来的状态。加害人不修理时，所有人有权请求法院责令加害人恢复物的原有状态。恢复原状一般通过修理的办法，使遭受损坏的财产在价值和使用价值上与原来的状态大体相等，而不是使财产在内容和形式上与以前的状况完全一致。恢复原状不仅要在实际上可能，而且要在经济上合理。

5. 赔偿损失请求权

物权受到侵害，给物权人造成损失，物权人有权请求赔偿损失。赔偿损失包括金钱赔偿、代物赔偿。

6. 停止侵害请求权

停止侵害请求权是指所有人在其财产直接受到正在进行的持续性不法侵害时有权要求予以排除的请求权。停止侵害请求权，主要适用于正在对所有权造成侵害的行为，如果侵害行为并没有直接造成对所有人的财产的损害，或者虽然造成了损害，但是侵害行为已经终止，则所有人不能请求停止侵害，而只能提出其他要求。

2.7 用益物权

2.7.1 用益物权的概念

用益物权是指对他人所有的不动产或者动产，依法享有占有、使用和收益的权利。用益物权仅涉及物的使用价值，不包含处分权能。《物权法》

规定的用益物权包括土地承包经营权、建设用地使用权、宅基地使用权与地役权等。

2.7.2 用益物权的特征

1. 用益物权是一种他物权

用益物权是一种他物权，用益物权的他物权性质是与所有权相比较而言的，所有权是自物权。用益物权则是对他人所有之物使用收益的权利，因而其存在必须以他人对该物所有权的存在为前提，所有权是对物的完全支配权，而用益物权只是所有权能和内容的一部分，是从所有权中派生出来的权利。

2. 用益物权是定限物权

用益物权和担保物权均属于定限物权，区别于所有权对物的完全支配权，定限物权于时于量均有一定的限度。用益物权人只在一定范围内能够对标的物进行占有、使用和收益。

3. 用益物权是一种以物的使用价值为目的的他物权

设立用益物权的目的在于获取物的使用价值，设立用益物权后，由权利人对物进行使用收益，因而其标的物必须具有使用价值。

4. 用益物权是一种独立物权

用益物权除地役权外本身可以独立存在，不从属于其他权利。一旦设定，用益物权即具有对抗他人而独立存在的特性。

5. 用益物权是以对标的物的占有为实现条件

用益物权是以使用收益为目的的物权，权利人对标的物的实际占有为前提，只有用益物权人对标的物予以占有，才有对标的物进行使用收益的可能。

6. 用益物权主要以不动产为标的物

用益物权主要以不动产为其标的物，原因主要有：①不动产具有不可移动非消耗特征，所有权人既不必担心用益物权人携物而走，也不必担心用益物权人将其所有物的价值消耗完，因此不动产适宜设定供他人使用收益的权利。②用益物权的权利义务关系复杂，应将其标的物主要限定于采用登记公示方式上的不动产。不动产公示方式为登记，通过登记可以使设立的用益物权具有公信力。

值得注意的是，根据《物权法》第一百一十七条规定："用益物权人对他人所有的不动产或者动产，依法享有占有、使用和收益的权利。"《物权法》中列出的用益物权主要包括土地承包经营权、建设用地使用权、宅基地使用权、地役权四种涉及不动产的用益物权，但这并不排斥动产也可以成为用益物权的标的物的情形。

7. 用益物权的设定、转移一般都需要登记

2.7.3 用益物权的取得、丧失与变更

我国《物权法》规定的四种用益物权原则上均应由相关当事人通过订立合同的方式而取得。此种基于法律行为的用益物权取得，或为创设取得（如订立承包经营合同取得土地承包经营权，订立地役权合同取得地役权），或为移转取得（如通过订立转让合同从他人处受让建设用地使用权），均为继受取得方式。而且，由于用益物权的客体均为不动产，因此原则上以登记作为用益物权设立的生效要件。不过，考虑到我国土地登记制度的现状，《物权法》弱化了登记在用益物权设立中的作用。在四种用益物权中，真正实行登记生效的只有建设用地使用权，地役权和土地承包经营权的设立实行的是登记对抗主义，而宅基地使用权的设立则尚未建立登记制度。另外，除依法律行为取得外，当事人还可通过继承的方式取得用益物权。

用益物权的消灭原因因具体用益物权的不同而有所不同。用益物权共同的消灭原因主要有：①标的物灭失，如宅基地使用权因宅基地灭失而消灭。②标的物被征收。集体土地被征收，原有土地之上的土地承包经营权、宅基地使用权或者地役权等用益物权也随之消灭。用益物权经登记的，在其消灭时，应及时办理注销登记。

此外，用益物权存续期间，也可能发生权利内容的变动，如建设用地使用权改变其用途、地役权的存续期间的延长等。

用益物权的变更，原则上除须当事人达成合意外，还须办理变更登

记，否则不能生效或者不能对抗善意第三人。

2.7.4　用益物权的种类

1. 土地承包经营权

土地承包经营权就是土地承包经营权人依法对其承包经营的集体所有或国家所有由农民集体使用的耕地、林地、草地等享有占有、使用和收益的权利，有权从事种植业、林业、畜牧业等农业生产。

土地承包经营权主要通过以下方式取得：①根据土地承包经营合同设定而取得；②通过招标、拍卖、公开协商等方式取得；③继承取得。

土地承包经营权人是承包土地并且享有相关的经营权利的主体。按照法律规定，土地承包经营权人又叫承包人，享有如下基本权利：①对承包土地的占有使用、收益权；②自主经营权；③依法将土地承包经营权流转的权利；④承包地被依法征收时，有权获得相应补偿的权利；⑤将承包地作为供役地设立地役权的权利；⑥对提高土地生产能力的投入，享有补偿的权利；⑦对抗发包方非法行为的权利；⑧自愿交回承包地的权利；⑨请求依法办理土地承包经营权登记的权利。其中第④项和第⑤项权利在电力纠纷中会经常涉及，尤其是农村的电力设施经常需要经过农民承包的土地，因为供电公司未按照法定的程序进行建设，往往容易损害承包人的利益而引起承包人的不满。

土地承包经营权的消灭，包括消灭原因与消灭后果。就消灭原因而言，土地承包经营权为物权的一种，物权的一般消灭原因，如标的物灭失、约定存续期间届满及标的物被征收等，对土地承包经营权均可适用。消灭的原因有：①土地承包经营权人自愿交回承包地。②承包地调整。对承包地进行调整的，原土地承包经营权消灭。③承包地灭失。承包地灭失。土地承包经营权消灭。④承包地虽未灭失，但因其性质改变而不能再为农业目的使用的，土地承包经营权也消灭。由于自然灾害等原因，承包地可能发生灭失，如河岸边土地因崩岸而丧失。⑤承包地的收回。⑥土地承包经营权的期限届满。⑦承包地被征收。⑧承包人死亡，无继承人或继承人放弃继承。

土地承包经营权消灭后会产生相应的法律后果：①土地承包经营权消灭时，土地承包经营权人应将承包土地返还给土地所有人，取回承包地上的出产物和农用构筑物。因为土地上的出产物、农用构筑物，均为土地承包经营权人花费劳力或资金所设置或所得，故自当由其取回。②偿还改良费用或其他有益费用。土地承包经营权人为增加土地的生产力或土地使用上的便利而支出改良费用或其他有益费用，土地所有人如知情而未做反对表示的，土地承包经营权消灭时应向土地承包经营权人返还。返还的数额，一般以现存的增加利益为限。

土地承包期限内能否转包

2. 建设用地使用权

建设用地使用权指依法对国家所有的土地进行占有、使用和收益，并利用该土地建造建筑物、构筑物及其附属设施的权利。建设用地使用权通过无偿划拨或者有偿出让两种方式取得。建设用地使用权人享有下列权利：①土地利用权；②权利的收益和处分权；③建造并取得建筑物、构筑物及其附属设施的权利；④续期权；⑤请求交付约定地块的权利。

3. 宅基地使用权

宅基地使用权指农村集体经济组织的成员依法享有的在农民集体所有的土地上建造个人住宅及其附属设施的权利。

宅基地使用权的取得须经法定程序，且应确有因建造住宅而用地的必要，应当符合乡镇土地总体利用规划，并尽量使用原有的宅基地和村内空闲地，登记与否不影响宅基地使用权的取得，宅基地使用权自县级人民政府批准时设立或取得。

宅基地使用权人的权利包括：①占有使用宅基地的权利，占有使用宅基地为宅基地使用权人的当然权利；②保有所建造住宅及其附属设施所有权的权利，即宅基地使用权人对自己在宅基地上建造的住宅及其附属设施享有所有权；③对宅基地使用权的有限处分权；④宅基地使用权人的权利无期限限制；⑤在宅基地上种植竹木、瓜果、蔬菜的权利；⑥以宅基地为他人设定地役权的权利，即宅基地使用权人可以以自己的宅基地为供役地而为他人设定地役权，供他人使用土地和获取利益。

【思考】以上宅基地使用权人的权利中哪种权利可能与电力企业产生关联？

4. 地役权

地役权的权利与义务

地役权指以他人土地供自己的土地便利而使用，以提高自己不动产效益的权利。

地役权具有如下特征：①地役权是使用他人土地的权利。地役权的客体主要是土地，并以该土地属于他人所有或者使用为要素。因而地役权的成立必须有两块土地的存在，即需役地和供役地。②地役权是为自己土地提供便利的权利。使用供役地的目的是需役地的便利。例如，通行地役权、用水地役权等，以及禁止邻地建高楼、排污水等。③地役权具有从属性和不可分性。地役权与供役地的所有权或者使用权密不可分。

地役权人的权利：①使用供役地的权利；②从事附属行为的权利；③设置附属设施的权利。地役权人的义务：①合理使用供役地的义务；②支付费用的义务；③维持工作物或设置物正常状态和对供役地权利人使用工作物的容忍义务。

供役地权利人的权利：①对附属设施的共同使用权；②费用支付请求权；③利用场所及方法的变更请求权。供役地权利人的义务：①允许地役权人利用土地；②分担公用设施的维持费用。

地役权的取得通常由需役地权利人与供役地权利人之间以合同方式设定。但未经登记的，不得对抗善意第三人。

地役权是从属性权利，不能被单独转让。

地役权的消灭事由：①供役地或需役地的灭失；②地役权的目的事实上已经不能实现；③供役地人依法解除合同。

2.8　土地空间权

土地的空间权，其标的为离开地表的空中或地中的特定立体空间。土地，在物理范围上包括地表、空中与地中三部分。所以我们可以按照物理范围将土地空间权划分为地表权、地上权和地下权。

1. 地表权

传统意义上的地表权就是土地的所有权人或者使用权人在土地的表面上进行浅层次的利用的权利。例如建筑、构筑、种植，在其下挖沟渠，打井等。

2. 地上权

地上权指在他人所有的土地上营造建筑物、工作物及种植林木的权利。

这里的地上权实际上就是地上空间权，《物权法》没有界定地上空间权的范围，通常理解为地表以上的空间权。一般来说应该取决于建筑物、构筑物和植物的高度。

3. 地下权

地下权指在他人所有的土地之下埋设管线、电缆，建设地下设施的权利。如地铁、隧道、人防工程等。

地下权是指地表以下的空间权。其深度应取决于地下建筑物所占据的最深处。地上权和地下权依附于地表权而存在，传统意义上取得了地表权，就同时取得了地上权和地下权。但是《物权法》对地上、地下、空间权进行创设之后，就不能一概而论了。

地上权、地下权的设定、变更和丧失，非经登记不产生效力。在权利存续期间，权利人有对土地的占有、使用和收益的权利，以及对权利本身的处分权，设定地上权或地下权可以有偿，也可以无偿。在权利终止时，地上权、地下权的所有人有权收回其建筑或地下设施，或向土地所有人取得补偿，但同时负有恢复土地原状的义务。

2.9 相邻关系

相邻关系从权利角度来讲，又称为相邻权，它是为调节在行使不动产所有权中的权益冲突而产生的一种权利。根据法律的规定，不动产所有人和使用人行使权利，应给予相邻的不动产所有人和使用人已行使权利的必要的便利。因此对于一方来说，应提供给对方必要的便利，就使自己的权利受到了限制；对于另一方来说，因为依法取得了必要的便利则使自己的权利得到了延伸。

相邻关系具有以下特征：①相邻关系发生在两个以上的不动产相邻的所有人或使用人之间。相邻人可以是自然人、法人、财产所有人，如集体组织、房屋所有人，也可以是非所有人，如承包经营人，承租人。②相邻关系的客体一般不是不动产和动产本身，而是由行使所有权或者使用权所引起的和邻人有关的经济利益或者其他利益，对于不动产和动产本身的归属并不发生争议。③相邻关系的发生常与不动产的自然条件有关，即两个以上所有人或者使用人的财产应当是相邻的。

常见的相邻关系的类型有：

1. 土地相邻关系

①邻地地基动摇或其他危险的防免的相邻关系。

②水的相邻关系，具体包括：相邻用水关系、相邻排水关系。

③邻地使用的相邻关系，主要包括相邻必要通行权、相邻管线铺设、因建造原因的利用。

④越界的相邻关系，主要包括越界建筑、竹木根枝越界、果实越界（果实自落于邻地）。

2. 建筑物相邻关系

①通风、采光和日照的相邻关系。

②固体污染物、不可量物侵入的相邻关系。

2.10　共有

共有指两个或两个以上的民事主体对同一标的物共同享有所有权。所有权以主体的多寡区分为单独所有权和共有两种不同形式。共有虽然在同一标的物上有两个或两个以上的主体，但并不意味着同一财产上有两个或者两个以上的所有权，而是指各共有人按照一定的份额（按份共有）或不分份额地（共同共有）享有同项所有权，符合“一物一权”的原则。

按份共有是指数人按照各自所占份额对共有物权享有权利、分担义务的一种财产关系。

共同共有，是指数人基于一定的共同关系对同一标的物享有所有权。

准共有，是指所有权之外的财产权的共有。所有权以外的财产权，一般认为包括用益物权、担保物权、矿业权、渔业权、水权、著作权、专利权、商标权、债权等。对于准共有，我国《物权法》第一百零五条规定："两个以上单位、个人共同享有用益物权、担保物权的，参照本章规定。"从共有的权利客体而言，我国仅承认用益物权和担保物权的准共有制度。对于其他权利的共有，《物权法》则没有规定。

2.11 担保物权

担保物权是指为了担保债的履行，在债务人或者第三人的特定财产上设定的物权，主要有抵押权、质权、留置权等。

担保物权具有以下特征：①从属性。担保物权是以担保债权的清偿为目的的价值权，故必从属于债权而存在，其成立以债权的存在为前提，并因债权的转移而转移，因债权的消灭而消灭。②不可分性。被担保债权在未受全部清偿前，担保物权人可就担保标的物的全部行使其权利，称为担保物权的不可分性。据此特性，即使被担保债权被分割、部分清偿或者消灭，担保物权仍为担保所有各部分的债权或者余存债权而存在；在担保物权存续期间，即使担保物被分割或部分灭失，分割后的各部分担保物或者余存的部分担保物，仍为担保全部债权而存在。③补充性。担保物权一经成立，即补充了主债权债务当事人之间债的关系的效力，使债权人就担保物享有优先受清偿权，从而增强了债权人的债权得以实现的可能。在主债权债务关系因适当履行而终止时，担保物权补充性的功能并不发动，仅在债务届履行期而债权人的债权未获清偿时，担保物权补充性的功能才得以发动，即通过拍卖担保物等方式而获得的交换价值而使债权人的债权获得清偿。④物上代位性。担保物权的标的物毁损、灭失，因而得受保险金、赔偿金或补偿金时，该保险金、赔偿金或补偿金即为担保物权标的物的代替物，从而担保权人可就它们行使权利，称为担保物权的物上代位性。因担保物权不以对标的物本身的利用为目的，而是专以取得标的物的交换价值为目的，故标的物本身虽已毁损、灭失，但代替该标的物的交换价值如存在时，则该担保物权的标的物即移转到该代替物上。

2.12　电力设施的保护

2.12.1　电力设施的概念及物权属性

电力设施是指所有发电、变电、输电、配电和供电有关设备的总称，包括与之相关的附属、配套设施，既包括已经建成和投运的电力设施，也包括正在建设中的电力设施。

《物权法》第五十二条规定："国防资产属于国家所有。铁路、公路、电力设施、电信设施和油气管道等基础设施，依照法律规定为国家所有的，属于国家所有。"

电力设施保护在法律的适用上涉及"电力法"《刑法》《森林法》《安全生产法》等；在法律责任上涉及民事责任、行政责任和刑事责任；在管理部门上涉及各级政府电力管理部门、电力企业、林业、建设、土地、交通等部门。因此电力设施保护的法律关系非常广泛，主要包括：政府各管理部门之间因保护电力设施而发生的关系；各级人民政府之间因保护电力设施而发生的关系；各级人民政府、政府各管理部门、电力企业、其他企业、公民之间因保护电力设施而发生的关系。

2.12.2　电力设施保护范围和保护区

"电力法"第五十二条规定："任何单位和个人不得危害发电设施、变电设施和电力线路设施及其有关辅助设施。"

1. 法律规定的电力设施保护范围

（1）发电设施、变电设施

根据《电力设施保护条例》第八条的规定，发电、变电设施的保护范围具体包括以下方面：①发电厂、变电站、换流站、开关站等厂、站内的设施；②发电厂、变电站外各种专用的管道（沟）、储灰场、水井、泵站、冷却水塔、油库、堤坝、铁路、道路、桥梁、码头、燃料装卸设施、避雷装置、消防设施及其有关辅助设施；③水力发电厂使用的水库、大坝、取水口、引水隧洞（含支洞口）、引水渠道、调压井（塔）、露天高压管道、厂房、尾水渠、厂房与大坝间的通信设施及其有关辅助设施。

（2）电力线路设施

根据《电力设施保护条例》第九条规定，电力线路设施的保护范围具体包括以下方面：①架空电力线路：杆塔、基础、拉线、接地装置、导线、避雷线、金具、绝缘子、登杆塔的爬梯和脚钉，导线跨越航道的保护设施，巡（保）线站，巡视检修专用道路、船舶和桥梁，标志牌及其有关辅助设施；②电力电缆线路：架空、地下、水底电力电缆和电缆联结装置，电缆管道、电缆隧道、电缆沟、电缆桥、电缆井、盖板、入孔、标石、水线标志牌及其有关辅助设施；③电力线路上的变压器、电容器、电抗器、断路器、隔离开关、避雷器、互感器、熔断器、计量仪表装置、配电室、箱式变电站及其有关辅助设施；④电力调度设施：电力调度场所、电力调度通信设施、电网调度自动化设施、电网运行控制设施。

2. 电力线路保护区

《电力设施保护条例》第十条规定了架空电力线路保护区和电力电缆线路保护区的范围。

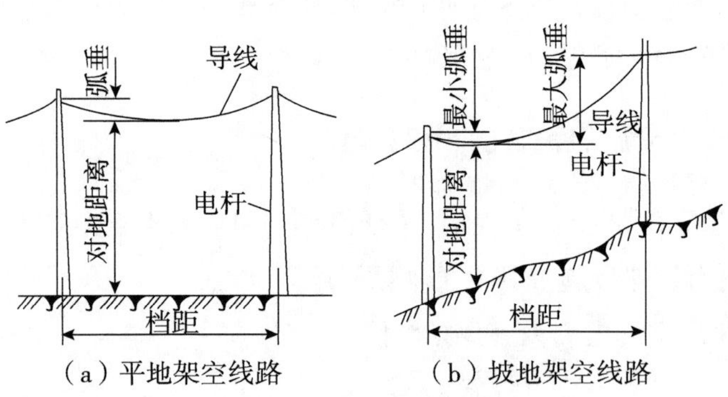

（a）平地架空线路　　（b）坡地架空线路

图1　架空导线的档距和弧垂

（1）架空电力线路保护区

导线边线向外侧水平延伸并垂直于地面所形成的两平行面内的区域，在一般地区各级电压导线的边线延伸距离如下：

1－10 千伏　　5 米

35－110 千伏　　10 米

154－330 千伏　　15 米

500 千伏　　20 米

在厂矿、城镇等人口密集地区，架空电力线路保护区的区域可略小于上述规定。但各级电压导线边线延伸的距离，不应小于导线边线在最大计算弧垂及最大计算风偏后的水平距离和风偏后距建筑物的安全距离之和。

《电力设施保护条例实施细则》第五条规定，架空电力线路保护区，是为了保证已建架空电力线路的安全运行和保障人民生活的正常供电而必须设置的安全区域。在厂矿、城镇、集镇、村庄等人口密集地区，架空电力线路保护区为导线边线在最大计算风偏后的水平距离和风偏后距建筑物的水平安全距离之和所形成的两平行线内的区域。各级电压导线边线在计算导线最大风偏情况下，距建筑物的水平安全距离如下：

1 千伏以下　　1.0 米

1－10 千伏　　1.5 米

35 千伏　　3.0 米

66－110 千伏　　4.0 米

154－220 千伏　　5.0 米

330 千伏　　6.0 米

500 千伏　　8.5 米

两部法律法规设定的保护区的距离范围明显不同，这就需要供电公司正确选择和适用。

（2）电力电缆线路保护区

根据《电力设施保护条例》第十条的规定，地下电缆为电缆线路地面标桩两侧各 0.75 米所形成的两平行线内的区域；海底电缆一般为线路两侧各 2 海里（港内为两侧各 100 米），江河电缆一般不小于线路两侧各 100 米（中、小河流一般不小于各 50 米）所形成的两平行线内的水域。

2.13 电力设施的保护方式

1. 设立标志

①在必要的架空电力线路保护区的区界上，应设立标志，并标明保护区的宽度和保护规定。

②在架空电力线路导线跨越重要公路和航道的区段，应设立标志，并标明导线距穿越物体之间的安全距离。

③地下电缆铺设、水底电缆敷设后，应设立永久性标志，并将地下、水底电缆所在位置书面通知有关部门。

2. 遵守规定

①任何单位或个人在电力设施周围进行爆破作业，必须按照国家有关规定，确保电力设施的安全。

②任何单位或个人在架空电力线路保护区、电力电缆线路保护区内，必须遵守相关规定。

③任何单位或个人必须经县级以上地方电力管理部门批准，并采取安全措施后，方可进行作业或活动。详见《电力设施保护条例》第十八条。

3. 禁止行为

①任何单位或个人不得从事危害发电设施、变电设施、电力线路设施的行为，以及不得危害电力设施建设。

②未经有关部门依照国家有关规定批准，任何单位和个人不得收购电力设施器材。

2.14 对电力设施与其他设施互相妨碍的处理

2.14.1 电力设施与其他设施互相妨碍的处理原则

电力设施的建设不可避免地要与其他设施相互毗邻、交叉，在实践中处理电力设施的相邻关系也是供电企业经常遇到的问题。

1. 应避免或减少损失

电力设施的建设和保护应尽量避免或减少给国家、集体和个人造成的损失。

2. 应避开危险区、居民区，必要时需达成协议

新建架空电力线路不得跨越储存易燃、易爆物品仓库的区域；一般不得跨越房屋，特殊情况需要跨越房屋时，电力建设企业应采取安全措施，并与有关单位达成协议。

3. 电力设施与其他设施互相妨碍时，双方有关单位必须在达成协议后方可施工

公用工程、城市绿化和其他工程在新建、改建或扩建中妨碍电力设施时，或电力设施在新建、改建或扩建中妨碍公用工程、城市绿化和其他工程时，双方有关单位必须按照本条例和国家有关规定协商，就迁移、采取必要的防护措施和补偿等问题达成协议后方可施工。

4. 应及时通知有关部门并纳入城乡建设规划

电力管理部门应将经批准的电力设施新建、改建或扩建的规划和计划通知城乡建设规划主管部门，并划定保护区域。城乡建设规划主管部门应将电力设施的新建、改建或扩建的规划和计划纳入城乡建设规划。

5. 在新建、改建或扩建区，对于损害物应给予赔偿

新建、改建或扩建电力设施，需要损害农作物，砍伐树木、竹子，或拆迁建筑物及其他设施的，电力建设企业应按照国家有关规定给予一次性补偿。在依法划定的电力设施保护区内种植的或自然生长的可能危及电力设施安全的树木、竹子，电力企业应依法予以修剪或砍伐。

电表安装在什么位置合适

2.14.2　电力设施的相邻关系

《物权法》第八十四条规定：“不动产的相邻权利人应当按照有利生产、方便生活、团结互助、公平合理的原则，正确处理相邻关系。”

1. 线、树关系

（1）线前树后关系

线前树后情形是指线路在先，已经形成了电力设施保护区和线路走

廊，相邻关系人在走廊和保护区内种植树木，妨害、危及输电线路的安全运行，或者已经造成了实际的损害。

处理策略：①预防为主，防患于未然。尽量避免在电力设施保护区内栽种树木的情形发生；②提前明确厘清、清除树障的法律依据；③明确砍伐树木的主体。

相关法条："电力法"第五十三条、第六十九条；《电力设施保护条例》第十五条；《电力设施保护条例实施细则》第十六条。

（2）树前线后关系

树前线后情形是指林木在先，新建架空线路需要穿越林区，通道内的林木需要砍伐和移植的情形。

电力企业在输电线路路径勘探时应尽量避开珍贵林木、贵重果树、商业苗圃及景区绿化带等地带。这是避开纠纷的源头做法。

处理策略：①双方协商确定砍伐、移栽或修剪维护林木的权利与义务；②一次性赔偿；③签订协议（保证不妨碍电力设施安全运行的协议）。

相关法条："电力法"第五十三条、第五十五条；《电力设施保护条例》第二十三条、第二十四条；《电力设施保护条例实施细则》第十六条。

2. 线、屋关系

线、屋关系纠纷是电力设施保护纠纷的主要方面之一，线、屋关系纠纷主要包括两种类型：一是线路建设在先，之后有人在线路走廊内违章建房纠纷；二是新建、改建线路跨越、拆迁房屋纠纷。

（1）线前屋后关系

线前屋后纠纷在线、屋关系纠纷中占多数，主要有如下几种情形：建房人无证违章建房；建房人有证违章建房；建房人临时搭建简易房屋，本着保护电力设施，保护人民群众生命财产安全的原则，电力企业要尽量避免和依法处理各种相关纠纷。

处理策略：①应做好保护电力设施和用电安全知识的宣传，宣传要突出重点、灵活多样，例如在线路上的一些重要位置悬挂警示标志；②政府要建立电力设施保护区内建筑会审会签制度；③采取相关措施，对危害电力设施安全的行为予以制止；④注重证据收集，必要时申请强制执行。

相关法条："电力法"第十一条、第五十三条；《电力设施保护条例》第四条、第二十二条、第二十三条；《电力设施保护条例实施细则》第四条。

（2）屋前线后纠纷处理

一般来说，电力建设单位要么通过设定建设用地使用权等用益物权的方式取得对土地一级上下空间的使用；要么依据相邻关系，通过地役权取得相关使用权。不管是地上权还是地役权，都应当是有偿协议。应对电力线路下房屋产权人给予适当的经济补偿。

在《电力设施保护条例》及其细则中都规定，不管是电力设施还是电力线路，一般都不得跨越房屋，如有特殊情形需要跨越房屋的，应当与房屋产权所有者协商搬迁，搬迁不成的，应采取必要措施保证被跨越房屋的安全。然而采取必要的安全措施并不代表免除补偿。

线屋关系

处理策略：①做好安全措施；②注重协商解决；③在能力范围内为线下房屋产权人提供必要的经济补偿。

相关法条："电力法"第十六条；《电力设施保护条例》第二十一条、第二十四条；《电力设施保护条例实施细则》第十五条。

3. 线、线关系

强电线路与强电线路、强电线路与弱电线路以及电路与管路的交叉并行、安全距离、运行过程中距离的变化、绝缘的老化和破坏都会危及线路的安全运行或者造成人身触电事故。一旦发生事故，所涉线路、管路的产权所有人或者使用管理人都要承担相应责任。

（1）施工建设保护管线

电力企业施工时要保护相邻关系人的管线，相邻单位施工时电力企业也要注意保护自己的管线，在施工过程中相互给予地役权的便利。如果因施工建设造成管线损失，应当给予赔偿。《物权法》颁布后，电力企业应当建立与相邻关系人产权平等保护理念，而不是单方面电力设施保护的观念。

相关法条：《物权法》第四条、第八十八条、第九十一条、第九十二条。

（2）禁止“多线合一”

一般双回电力线是电力部门设计施工的，基本符合施工规范。而有的电力线杆同杆并行电线和通信线、广播线和网络线等，还安装广播喇叭。这种弱电线路如果未经电力部门同意，为了节约成本借助于电力线杆架线，一般不符合设计技术要求，极容易造成事故隐患，例如安全距离不够，造成设施放电；绝缘老化或破坏引起强弱电路串电，从而引起人身触电事故等。

相关法条：《电力设施保护条例》第十四条。

（3）禁止同沟铺设管线

易燃易爆油气管道泄漏遇到火花会发生火灾，如果电缆沟内泄漏易燃气体的浓度达到爆炸比，还会发生破坏力极强的爆炸，损坏电力电缆和电力通信电缆。

相关法条：《电力设施保护条例实施细则》第八条。

4. 线、路关系

近年来，电力、铁路、公路建设飞速发展，铁路、公路与各种高电压等级线路的影响和纠纷也日益增多，经常出现建设电力线路跨越公路、铁路，在高速公路控制区埋设管线施工等冲突和纠纷，这不仅给架线施工带来较大的难度，也影响以后线路的安全运行。这样的线路纠纷处理需要遵循以下原则：

（1）互不影响原则

按照相邻关系，应注意互不影响对方设施的安全运行，如果发生事故，铁路、公路运输中断，电力供应中断，严重的甚至可能危及人身安全，带来巨大的经济损失。交叉跨越铁路、公路的设施建设必须严格符合规程要求，否则，电力企业将会在事故中承担过错责任。

（2）协商审批原则

电力设施分布具有点多、面广、线长、裸露室外等特点，电力企业需要跨越公路、穿越高速公路建设控制区，在铁路线上架线、埋设电缆等电力设施都要按照协商审批原则进行。

（3）互相保护原则

电力企业通常适用本行业的设施建设和运行管理规定，对电力设施保护的同时需注意保护相关主体的合法权益。

相关法条：《电力设施保护条例》第十一条、第二十二条；《公路法》第五十六条、第七十六条、第八十一条。

2.15　电力设施的产权分界点

产权分界点是指供电部门与用户电气设备的维护管理范围按产权归属划分的分界点。电力设施产权分界点有助于界定电力设施的产权归属及所有者权利。《供电营业规则》第五十一条做了明确的规定：“在供电设施上发生事故引起的法律责任，按供电设施产权归属确定。产权归属于谁，谁就承担其拥有的供电设施上发生事故引起的法律责任。但产权所有者不承担受害者因违反安全或其他规章制度，擅自进入供电设施非安全区域内而发生事故引起的法律责任，以及在委托维护的供电设施上，因代理方维护不当所发生事故引起的法律责任。”电力侵权案件中，供电设施的产权归属问题，是需要解决的首要问题。《合同法》第一百七十八条规定：“供用电合同的履行地点，按照当事人约定；当事人没有约定或者约定不明确的，供电设施的产权分界处为履行地点。”在供用电合同纠纷中，明确电力设施的产权分界点，是确定供用电合同履行地点的重要依据。而合同履行地点是民事案件诉讼管辖权确定的重要依据之一。因此供电企业要高度重视产权分界点问题。

《供电营业规则》第四十七条规定：“供电设施的运行维护管理范围，按产权归属确定。责任分界点按下列各项确定：

1. 公用低压线路供电的，以供电接户线用户端最后支持物为分界点，支持物属供电企业。

2. 10 千伏及以下公用高压线路供电的，以用户厂界外或配电室前的第一断路器或第一支持物为分界点，第一断路器或第一支持物属供电企业。

3. 35 千伏及以上公用高压线路供电的，以用户厂界外或用户变电站外第一基电杆为分界点，第一基电杆属供电企业。

4. 采用电缆供电的，本着便于维护管理的原则，分界点由供电企业与用户协商确定。

5. 产权属于用户且由用户运行维护的线路，以公用线路分支杆或专用线路接引的公用变电站外第一基电杆为分界点，专用线路第一基电杆属用户。

在电气上的具体分界点，由供用双方协商确定。”

由于电力商品是一种无形的、看不见的东西，它必须借助一定的设施才能完成生产、交换、消费等市场环节。供电方在履行供用电合同时应以电力设施产权分界处为履行地点。

产权界定清晰
上诉有惊无险

2.16 建设用地使用权与电力设施建设

电力建设用地使用权是电力建设用地使用权人对国家所有的土地享有占有、使用和收益的权利，使用权人有在该土地上建设、运行电力设施并取得收益的权利。

2.16.1 电力建设用地使用权的取得

电力建设用地使用权的取得一般有两种方式，即出让和划拨。

依据《中华人民共和国土地管理法》第五十四条、《确定土地所有权和使用权的若干规定》第九条等规定，建设用地为国家所有，可以划拨也可以出让。

土地为集体所有的，先要由政府征收为国有土地，但电力建设单位要支付征收耕地的补偿费用，包括土地补偿费、安置补助费以及地上附着物和青苗的补偿费。

2.16.2 电力建设用地使用权的转让

电力设施的转让或者迁移，涉及电力设施保护区所占土地使用权的转让问题。根据法律、行政法规的规定，对于划拨取得的建设用地，其流转要通过行政审批，并缴纳相应土地出让金或者土地收益。简言之，电力建设用地使用权转让，须经政府部门批准，如果是划拨取得，还要补交土地出让金。

2.16.3　《物权法》对电力建设征地的影响

1. 征地难度加大

①建设用地使用权取得限制更加严格。《中华人民共和国土地管理法》和《中华人民共和国城市房地产管理法》对于采用划拨方式设立建设用地使用权的范围有着严格的限制。《物权法》设专章规定用地使用权，创设空间权制度，坚持土地用途管理制度等，建设用地征地政策比以往更为严格。

②被征地人维权意识增强。

2. 征地费用增加

①征地补偿的标准不统一，被征地人法律意识增强，都造成征地费用的增加。

②《物权法》还规定了空间权，包括对地表上面的利用，如电力架空高线路；也包括对地表下面的利用，如铺设地下电缆等。

③过去公民还没有电磁辐射的概念，如今随着法制的健全和社会文明的进步，公民的法律意识逐渐增强，电磁辐射对人身和动植物的影响提到了法律的高度加以规范。这比之于过去增加了拆迁诉求，导致征地成本费用增加。

④居住安置。这既增加了征地成本，又加大了征地难度。《物权法》规定，征收集体所有的土地，应当依法足额支付土地补偿费、安置补助费、地上附着物和青苗的补偿费等费用，安排被征地农民的社会保障费用，保障被征地农民的生活。

2.16.4　电力建设用地问题对策

1. 严格履行程序

①依法支付土地补偿费和安置补偿费

电力基础设施建设单位在建设项目使用土地时应履行以下法定程序和

义务：依法办理用地手续，包括征用土地手续和划拨土地手续；依法支付补偿费（耕地及其土地补偿费、被征用土地附着物及青苗补偿费、移民安置补偿费等）。

②如果土地是划拨取得，须如实并及时交付划拨土地补偿金

划拨是指土地使用者经县级以上人民政府批准，无偿取得的或者是在交纳补偿、安置等费用（虽然土地无偿，但之上可能有房屋、树木等附着物）后所取得的没有使用期限限制的国有土地使用权。

③书面约定电力设施建设和使用过程中的用益物权和地役权

根据《民法通则》《物权法》和有关司法解释关于用益物权和相邻关系的规定，电力建设单位和土地承包人双方应当本着有利生产、方便生活、团结互助、公平合理的原则友好相处，互不影响对方用益物权的正常使用。

2. 方案、计划周全，及时办理手续

电力建设单位应本着减少电力建设项目对相邻资产冲突的原则，尽早提出多选方案，提交计划，抓紧时间办理农用地转用和征地补偿手续，以免因手续滞后耽误工程工期。

3. 积极创新

在电网建设及技术改造的勾画设计、建设施工中推广使用电力设备新产品、新技术、新工艺，建设节约土地、节约空间、降低污染排放、安全可靠运行、节约资源、环境良好的新型电网。

4. 加强土地和电力设施保护法律法规的宣传

纠正农民承包土地所有权私有的观念；宣传电力建设的公益性质和公共利益优先保护原则，以及任何单位和个人应尽的保护电力设施的义务。倡导弘扬电力设施相邻人顾全大局、以公共利益为重的精神。

2.17 地役权与电力设施的关系

电力设施建设过程中适用地役权可以减少建设成本和建设流程，相比土地使用权的转让或者相邻权有更灵活的形式。

1. 地役权用地方式能够基本满足基层电力企业建设用地需要

基层电力企业利用地役权架设杆、塔，不需要获取土地所有权，只需

获得通行权。划定电力设施保护区，也只是为保护电力设施设备。在电力设施建设中征地或设定地役权对电力企业而言并无区别，地役权完全能够满足基层电力企业的用地需要。

2. 地役权用地方式有利于缓解用地矛盾

在征地的用地方式中，因土地使用权人完全将土地使用权出让，其往往会基于对土地的预期利益，通过抢建房屋、抢种树木等方式尽可能多地获取补偿。而设定地役权并不导致土地使用权人完全出让权利，仅设定限制，原有权利并不消失，并且在地役权合同履行期限内能获得持续的收益，因而土地使用权人一般不会基于地役权的设定而漫天要价，赋予土地使用权人选择权往往更有利于其作出理性选择，缓解用地矛盾。

3. 地役权的权能优于相邻权

因为相邻关系要求不动产相互毗邻，而供电站、目的网络与沿途各建设点并不绝对相邻，甚至相距遥远，相邻权不能满足基层电力企业的建设用地需求。

4. 地役权的权能优于承租权

承租权属于债权，具有相对性。地役权可以根据《物权法》第一百五十八条之规定，通过登记取得对抗第三人的效力。且《物权法》第一百六十一条规定："地役权的期限由当事人约定，但不得超过土地承包经营权、建设用地使用权等用益物权的剩余期限。"不受租赁期限二十年的限制。

5. 地役权用地方式有利于电力设施设备保护

地役权作为物权的一种，权利人可以对擅自在电力设施保护区内种植高秆林木的问题，按照《物权法》相关规定直接要求侵权人消除危险、恢复原状或者赔偿损失。

必须注意的是，地役权需要通过合同来规范双方的行为，减少因为个别地块纠纷可能引起的整个电网系统的风险。

【模块小结】

供电企业在产权区分、相邻关系问题、电力设施保护等方面存在诸多为大家所关注的问题。本节对上述问题进行了讲解，从法条的分析与应用到案例的分析与风险防控，都为大家做了较为全面的解读。但是，生活当中涉及此类法律问题的事例还有很多，在解决问题的时候不能够仅凭经验，还应该多从实际出发，根据事实通过法律法规找出原因，扫清障碍。

第三部分　知识巩固

一、选择题

1. 2007 年 3 月 16 日，第十届全国人大五次会议审议通过了《物权法》，制定《物权法》有利于（　　）。

①各种所有制经济充分发挥各自优势，相互促进，共同发展

②充分发扬社会主义民主，保障人民的政治权利

③充分发挥国家的宏观调控手段在资源配置中的基础作用

④明确私有财产的范围，依法对私有财产给予保护

A. ①②　　B. ③④　　C. ①④　　D. ②③

2. 通过土地使用权出让方式取得有限期的土地使用权，不应支付（　　）。

A. 土地开发费　　B. 土地使用权出让金

C. 土地征用费　　D. 土地补偿费

3. 下列各项中，不能作为物权客体的是（　　）。

A. 房屋　　B. 土地　　C. 电线　　D. 行为

4. 下列属于用益物权的是（　　）。

A. 地役权　　B. 留置权　　C. 抵押权　　D. 质权

5. 依照我国民法原理，土地使用权从法律性质上讲，属于（　　）。

A. 完全物权　　B. 自物权　　C. 地役权　　D. 他物权

二、案例分析题

1. 赵某有 5 间瓦房，坐北向南，门前为村委会分给他的一片菜园。赵某的东面住着张某。请回答以下问题：

（1）假设赵某门前的菜园妨碍了张某一家的正常通行，张某能否要求赵某在菜园中开辟一条小路以供通行之用？

（2）张某为运输货物，购买了一辆卡车，假设公路直接通到赵某家的菜园前，赵某能否要求占用赵某家的一部分菜园停车？

（3）假设赵某同意张某将车停在自己的菜园后，自己也买回一辆货车停在那片菜地，使得张某的汽车无法停放，那么谁有权在此停放汽车？

2. 有一个房东，把自己的房子先卖给甲，并把房子交给甲使用；后由于价格、熟人等多种原因又把该房子卖给乙，并和乙办理了房屋过户手续。问：该房子究竟属于谁？乙能否要求甲腾出房子？

第四部分　实例应用

实例1：曹某诉供电公司侵犯土地相邻权案

【案情】曹某系某村农民，承包了本村的一块土地种植庄稼，同时家里的祖坟也在这块承包的土地上。2015年供电公司修建了一条高压线路，这条修好的高压线路正好经过曹某所承包土地的上方。这让经常在地里干活的曹某非常恐慌，认为这条高压线路很危险，影响了他的农业生产和祭祖活动，且架设线路要通过他责任田的事情也没有人跟他商量。于是曹某找到了供电公司要求解决这个问题。双方协商了几次，曹某要求供电公司改线，供电公司也同意，但是要求曹某支付50000元改线费用，并且让曹某协调邻里关系，曹某不同意。经过多次交涉，双方不能达成一致意见。曹某将供电公司告到法院，要求供电公司对其承包土地上的高压线路进行调整，停止侵害，排除妨碍，消除危险。经法院调查及现场勘验，发现高压线与树木之间的垂直距离低于3米，不符合电力线路施工及验收规范，的确存在危险。

【焦点及相关证据】

本案涉及电力设施与土地相邻关系。

1. 本案原告曹某向法院提出的诉讼请求主要是：依法判令被告对在原告依法承包的责任田范围内架设的高压线路进行调整，停止侵害、排除妨碍，消除原告在责任田内从事农业生产经营及祭祖活动时的人身危险。

2. 2015 年 8 月经过某省电网公司批准，按照规定的程序建设了一条 35 千伏的高压线路，线路从设计到建成都有相关部门的合格检测证书，该导线的架设符合架空线路设计规范，对地距离及交叉跨域均符合安全要求，不存在安全隐患。

3. 原告曹某承包土地在先，35 千伏的高压线建设在后。

4. 经法院现场勘验，承包田地中坟地树高 5.64 米，电线高 7.10 米，二者垂直差距 1.47 米，低于 35 千伏架空线路与街道、行道、树间的最小垂直距离 3 米。

5. 原告曹某与被告县供电公司曾经进行过协商，曹某要求供电公司将经过他家承包地的电线杆移走，绕过坟地，供电公司也同意配合，但是却提出要原告支付 50000 元并协调周边邻里关系，结果双方因为改线的费用没有达成一致意见。

本案的焦点是，供电公司高压线的架设是否符合规程标准，是否存在安全隐患。

【判决结果】

法院确认了原告曹某是该责任田的承包人，现场高压线路与树木之间的安全距离不符合法律规定，存在安全隐患，因此判决被告供电公司将涉案线路经过原告家责任田的两根电线杆之间的线路升高至安全距离以消除危险。同时考虑到树木以后会继续生长，要求被告加强对该线路的巡查，以彻底消除危险，保证原告在该承包地作业时的安全。同时也提出，当公民个人利益与集体利益、国家利益发生冲突时，应以集体利益、国家利益为重。原告提出要求被告改变路线的诉求，双方可另行协商。

原告不服一审判决结果上诉至中级人民法院，二审维持原判。

【案例评析】

1. 被告供电公司存在过错，应该采取措施消除安全隐患。涉案线路本身符合国家规定的标准，只是责任田上面的树在不断长高，树与线之间的距离过近，才产生安全隐患。

2. 原告要求改线的诉讼请求，不符合公共利益，不能支持。改线可能涉及更大的公共利益，不是解决此纠纷的最优选择。

【风险防范建议】

日常加强巡视，及时发现并排除安全隐患，处理问题要按照工作规程操作。同时解决相邻关系纠纷时，应该多同相关人员沟通，解决问题的方式应该多样化。

实例2：常某诉供电公司施工损害其住宅案

【案情】供电公司进行农网改造，将该项目承包给光明公司，光明公司又将该项目的部分工程分包给具有资质的黎生公司。黎生公司在某村施工的过程当中，将该村的地下高压水管主管道打穿，水管大量漏水，黎生公司立刻修复了该水管，但该水管在半个月后再次破裂。村民常某认为，因为水管破裂致使自己家被水浸泡，出现了地基下沉、房屋及围墙损坏的状况，于是找村委会及镇政府解决问题，要求施工单位赔偿他家的损失，但多次调解无果，只得将光明公司、黎生公司和供电公司告上了法庭。在庭审的过程当中，法院委托某房屋安全鉴定有限公司对常某房屋安全进行鉴定并出具了意见书，房屋安全鉴定书上明确指出，常某家围墙倒塌，系供水管道漏水所致，但是常某的房屋裂缝原因比较复杂，经勘查，常某房屋室外地基较高，这说明房屋建设本身不合理，房屋建造的地基是沙质地基，容易松动，而且也不能排除因房屋自身裂缝加上地基渗水导致裂缝扩大的因素。常某的房屋距离漏水点长达11米，中间还隔了一座房屋，所隔房屋的地基和主体均没有发生裂缝塌陷现象。另据法院查明，该项依据的是市供电公司与光明公司签订的“输变电工程施工合同”，合同约定由市供电公司将该县的“井井通电”第1批开工项目工程发包给光明公司，光明公司承包该工程后，又将线路架设、台区安装、计量安装、地埋线敷设等劳务分包给被告黎生公司。

【焦点及相关证据】

原告常某将供电公司、光明公司及黎生公司都告上了法庭。

被告光明公司提供的证据证明该工程是市供电公司发包的，由光明公司分包给黎生公司，由黎生公司负责线路的架设、台区的安装、地埋线敷设等工程的施工。分包合同中明确约定，施工期间，发生的一切安全事件及造成的一切损失，由黎生公司承担。黎生公司领取的营业执照经营范围明示其为电力设施安装5级，且该公司有承装电力设施许可证、安全生产许可证以及电工进网作业许可证等资质证件，光明公司认为黎生公司具有相应资质，才将劳务发包给黎生公司，因此光明公司没有过错，不应该承担过错赔偿责任。

供电公司辩称，供电公司从来没有牵头实施过任何农网改造工程，因此将工程发包给光明公司。

黎生公司辩称，其在施工时将水管打穿后，马上对水管进行了修复，由于混凝土大车在事发水管处来回经过一天，才造成水管再次突然发生爆裂；其次，在施工期间连日下雨，客观上对造成渗水产生影响。

【判决结果】

法院认为，个人财产受到法律保护，公民、法人由于过错侵害国家、集体、他人财产安全的，应当承担民事责任。本案中，被告黎生公司作为施工单位，在电网改造施工过程中未尽到谨慎注意义务，导致自来水管破裂漏水，原告房屋出现裂缝，存在过错，应当承担赔偿责任。对于原告的房屋损失与被告黎生公司施工行为是否存在因果关系，经过鉴定机构鉴定，原告的房屋本身就存在地基不稳和房屋裂缝现象，但被水浸泡和冲刷是造成院落塌陷和房体裂缝的重要原因。综上，由原告承担15%的责任，黎生公司与光明公司承担85%的责任，其中，黎生公司承担主要责任，供电公司不承担责任。

【案例评析】

本案涉及的主要法律问题。

1. 供电公司不应该承担法律责任。供电公司已经按照法律规定的程序将工程承包给了光明公司，光明公司本身也具有电力工程建设的资质，按照相关的电力设施工程合同，应当由承包人承担工程中的所有风险。因此供电公司不承担法律责任。

2. 光明公司与黎生公司应该承担责任。光明公司与黎生公司在本案当中都有电力设施建设的资质，根据《承装（修、试）电力设施许可证等级标准》，电力设施建设资质分为承装类承装电力设施许可证，承修类承修电力设施许可证，承试类承试电力设施许可证，每一大类分五个等级：一级、二级、三级、四级和五级。建筑工程发包与承包的招标投标活动，应当遵循公开、公正、平等竞争的原则，择优选择承包单位。承包单位有相应的资质是最基本的条件。《中华人民共和国建筑法》第二十八条、第二十九条对建筑工程的承包作出了相关规定。作为该工程的总承包单位即被告光明公司应对施工现场的安全生产负总责，其将建设工程分包给承装等级较低的被告黎生公司，黎生公司在施工过程中将村里的水管打穿，在施工过程中存在过错。光明公司与黎生公司应当对工程的安全生产承担各自的责任。黎生公司应该承担主要责任，光明公司存在监管不力应该承担次要责任，原告房屋自身存在不安全因素，应减轻两个被告的责任。

【风险防范建议】

尽管本案中的施工方不是供电公司，但仍然有重要的警示意义。进行电力工程建设的发包与承包的招投标活动，应当遵循《建筑法》第十六条的规定，建筑工程发包与承包的招投标活动，应当遵循公开、公正、平等竞争的原则，择优选择承包单位。严格按照法定程序和法定条件进行招投标活动，才能最大程度规避法律风险，同时也应该加强对承包单位的监管。

实例3：刘某诉供电公司电工随意停电案

【案情】刘某系李村村民，他在村庄前东侧自家耕地内种植面积约3亩的国槐树。某年6月11日，李村电工以变压器超负荷工作，需采取错峰供电为由对李村停止供电。当日13时许，该村突发大火，村民立即组织救火。救火过程中，当地群众准备启动水泵抽水救火，却发现停电造成水泵无法使用。村民立刻打电话给电工，可是电工的电话一直无人接听。随后火势迅速蔓延，造成村民刘某所种植的国槐树烧毁及其他群众的财产损失。之后，刘某迅速报警，市森林公安局某城分局接到报警后迅速派民警赶至现场进行调查。事后，市森林公安局某城分局出具一份情况说明，内容为：某年6月11日15时50分，派出所接到刘某报警，称自己栽植在自家耕地里的国槐树被火烧毁。工作人员经现场走访和调查未发现起火点和起火原因，也未发现可疑人员点火。被烧毁的国槐树大约3500棵。刘某认为，要不是村电工随意停电，也不至于救不了大火，自己的损失应该由供电公司承担。

【焦点及相关证据】

相关证据：

1. 经评估机构评估，被大火烧毁的国槐树价值28000元。

2. 该村电工系供电公司招聘的农村电工，负责该村所在区域的电力供应工作。因群众灌溉及抗旱用水需要，当地用电群众按每浇一次地交纳15元至30元钱的标准向电工交纳用电费用。电工收取的费用上交供电公司，电工的工资由供电公司发放。

3. 当天停电是因变压器在前一天超负荷工作冒烟了，需要采取错峰供电措施。

4. 本案的焦点是：①供电公司是否按照法定的停电程序进行停电？②供电公司对本次火灾不能及时使用水泵灭火而导致原告的损失这一事实是否承担责任？是否是电工的停电而间接导致了原告的损失？

【判决结果】

一审法院认为，供电人因供电设施计划检修、临时检修、依法限电或者用人单位违法用电等原因，需要中断供电时，应当按照国家有关规定通知用电人。未事先通知用电人而中断供电，造成用电人损失的，应当承担损害赔偿责任。村电工是供电公司招聘的，其所从事的电力供应工作属于履行供电公司安排的职务行为，由此产生的法律责任应由供电公司承担。原告刘某作为农村用电户，因生产和生活用电需要，按照电工的要求交纳用电费用，其与供电公司之间形成供用电合同关系。供电公司为供电人，刘某为用电人。被告供电公司没有证据证明在停电前已经按照国家有关规定通知了用电区域的用电人，对因此造成的损失负有过错，应依法承担相应的赔偿责任。判决被告供电公司承担原告刘某的全部损失。

二审法院认为，原告与被告之间已经形成了供用电合同关系，被告供电公司停止供电造成当地群众因停电而无法启动水泵抽水灭火，并由此造成刘某财产损失，刘某的损失与供电公司停止供电存在因果关系，供电公司存在过错，应依法承担相应的赔偿责任。因此二审驳回上诉，维持原判。

【案件评析】

1.《电力供应与使用条例》第三十二条规定："供电企业和用户应当在供电前根据用户需要和供电企业的供电能力签订供用电合同。"《合同法》规定，供用电合同是指供电人向用电人供电，用电人支付价款的合同。供电合同及电力法律法规为处理供用电关系提供具体指南。

2. 本案中，经过派出所的调查，没有找到具体的起火原因和直接责任人。因此可以将此次火灾推定为意外事故。

3. 关于停电。停电在此表示的意义是停止供电。实际生活中是指中止履行供用电合同的行为。由于电力功能的发挥取决于其连续性，停电就势必造成用电人的损失或不便，因此电力法律法规和《合同法》等都对停电作出了限制性规定。在实际业务中，如果发现用户有窃电或者其他违约行为，不必当场停止供电，而是应该首先按照法定的程序对用电人给予充足的告知，并保留相关证据，避免因为停电使供电企业陷入被动。

债权原因

《供电营业规则》第六十八条、第六十九条对因故停电做了明确规定。第六十八条规定："因故需要中止供电时，供电企业应按下列要求事先通知用户或进行公告：1. 因供电设施计划检修需要停电时，应提前7天通知用户或进行公告；2. 因供电设施临时检修需要停止供电时，应提前24小时通知重要用户或进行公告；3. 发供电系统发生故障需要停电、限电或者计划限、停电时，供电企业应按确定的限电序位进行停电或限电。但限电序位应事前公告用户。"第六十九条规定："引起停电或限电的原因消除后，供电企业应在三日内恢复供电。不能在三日内恢复供电的，供电企业应向用户说明原因。"

本案中，由于变压器负荷过大，李村的电工就直接拉闸限电，但是被告供电公司及其电工都没有相关证据证明自己在拉闸限电之前对村民进行了充分的告知，这也致使村民在用水泵救火时才发现没有电。由于无法及时启动水泵，客观上扩大了火灾的损失。

4. 严格来讲，村电工停电的行为不是引起原告损失的直接原因，因为供电公司并不是火灾的直接责任人，但是两审法院都判决供电公司承担原告刘某的全部财产损失。

5. 供电公司雇佣的农村电工没有按照工作流程中断供电或者没有及时送电，作为公司雇佣的工人，其管理线路是职务行为，供电公司应该承担责任。供电公司承担责任后，可以向该电工追偿或进行其他处罚。

【风险防范建议】

县级供电公司要加强对其所雇佣农村电工的培训和日常管理，督促电工加强依法停电的意识，熟练操作停电的规程，同时学会为依法停电保留相关证据，在工作中尽量减少漏洞。这样，就能减少供电公司与用户的纠纷，也可以减轻供电企业的违约责任。

模块三　合同法和电力法规

【学习目标】

知识目标：能够了解合同的基本概念、特征以及合同的种类及违约责任；掌握供用电合同的基本内容；学会供用电合同常见纠纷及处理方法；理解供用电合同动态管理的重要性。

能力目标：能够运用供用电合同理论知识解决实务中的问题。

第一部分　案例与分析

近日某省消费者协会和省律师协会联合召开会议，专门针对供用电合同中的“霸王条款”进行研讨，提出修改意见；近期，某省消协还将组织一次由消费者代表、供电企业负责人、政府工作人员、知名律师和消费维权专家参与的圆桌会议，共同探讨对电力“霸王条款”的修改。据悉，在此之后，省消协和省律协将以书面意见形式将会议结果上报中消协和全国律协，最终送达立法机关，以期推动电力法律法规的修改。

被挑出的“霸王条款”主要有以下内容：①电表由消费者买单。“两协”认为，电表应由供电企业付费，如果消费者付费，电表所有权应该归其所有，消费者搬家时，供电企业应该提供移表服务，或者退回电表价款，或者负责安装新表。②由供电企业校验电表。“两协”认为，供电企业身份属于合同当事人，由其校验，难保公正性，故应该由第三方实施。

③违约责任不对等。具体表现为：如消费者按照缴费通知单在指定时间前往联网银行缴费时，却被告知无法缴纳，费时费力，应属供电人违约；供电合同属于格式合同，对用电方的违约责任规定详细，而对供电人的违约责任却只字未提。④索赔时限太苛刻。主要指造成居民家用电器损害的索赔期限仅限于7天，一是远远低于国家规定的侵权索赔期限，二是时间太短，消费者难以在此期限内投诉。

请问，你认为这些被挑出的“霸王条款”属于《合同法》中规定的“霸王条款”吗？

第二部分　模块学习与引导

3.1　合同的基本知识

3.1.1　合同的概念与基本特征

合同指平等主体的自然人、法人、其他组织之间设立、变更、终止民事权利和义务关系的协议。从罗马法发源的合同契约精神强调合同双方当事人的地位平等、强调合同内容的确定是合意的结果、强调合同一经成立后即当事人都要受合同条款的约束，体现了市场经济中主体“意思自治”的特征。同时《合同法》还做了例外规定，即婚姻、收养、监护等有关身份关系的协议，由于其合同属性的特殊性而不适用《合同法》。

从合同的基本概念我们可以看出，合同的基本特征有三点：第一，合同是平等主体间的民事法律行为。第二，合同是双方法律行为。第三，合同是缔约各方意思表示一致的民事法律行为。

3.1.2　合同的主要条款

普通合同条款一般应该包括以下主要内容：

①双方当事人名称或者姓名和住所

当事人是合同权利和义务的主体，因此，具体合同条款有必要写清楚当事人的名称、姓名和住所。

②合同标的

标的是合同双方当事人权利义务所指向的对象，是一切合同的主要条款。

③数量和质量

标的物的质量和数量是确定合同标的的具体条件。标的质量应当详细具体，数量应确切，应该选择双方共同接受的计量单位，确定双方认可的计量方式。

契约

④价款或者报酬

价款是取得标的物所支付的代价；报酬是获得服务所支付的代价。

⑤履行期限、地点和方式

履行期限是直接关系合同义务完成的时间，涉及当事人的期限权益。履行地点是确定验收地点的依据，是确定运输费用由谁承担、风险由谁承担的依据。履行方式，例如是一次交付还是分期分批交付，是交付实物还是交付标的物的所有权凭证，是铁路运输还是空运、水运等，同样事关当事人的物质利益。

⑥违约责任

违约责任是促使当事人履行债务，使守约方免受或者少受损失的法律措施，合同对此应予明确。违约责任是法律责任，即使合同中未作约定，只要未依法免除，违约方仍要承担违约责任。

⑦解决争议的方法

解决争议的方法，是指有关解决争议运用什么程序、适用何种法律、选择哪家检验或者鉴定机构等内容。双方当事人在合同中约定的仲裁条款、选择诉讼法院的条款、选择检验或者鉴定机构的条款、涉外合同中的法律适用条款、协商解决争议的条款等，均属解决争议的方法的条款。

合同是双方合意的结果，因此在现实的经济活动中，双方当事人可以根据合同的类别确定合同的具体条款，条款的多少不影响合同的效力。

3.1.3 合同的格式条款与格式合同

格式条款是当事人为了重复使用而预先拟定，并在订立合同时未与对方当事人协商的条款。格式合同又称标准合同、定型化合同、制式合同，是指当事人一方预先拟定合同条款，对方只能表示全部同意或者不同意的合同。通常情况下格式合同的全部条款都是格式条款。供用电合同目前广泛使用的就是格式合同。

格式条款的适用可以简化签约程序，加快交易速度，减少交易成本，避免道德风险。但是由于格式条款是由一方当事人事先拟定的，且不容许对方协商修改，条款内容难免有不公平之处。《合同法》对格式条款的效力及解释有特别规定，以保证合同相对人的合法权益。提供格式条款的一方应当遵守公平原则确定当事人之间的权利和义务，并采取合理的方式提请对方注意免除或者限制其责任的条款，并按照对方当事人的要求，对该条款予以说明。以下格式条款无效：①提供格式条款的一方免除其责任，加重对方责任、排除对方主要权利的格式条款无效。②格式条款具有《合同法》第五十二条、第五十三条规定的情形无效。

3.1.4 合同的抗辩权

合同的抗辩权是指在双务合同中，对抗请求权或者否认对方的权利主张的权利，其功能主要在于保证履行合同一方债权的实现和迫使违约方履行合同。我国合同法主要规定了三种抗辩权。

1. 同时履行抗辩权

在双务合同中，双方当事人互负债务，但是双方当事人根据合同约定没有履行先后顺序，一方在对方履行之前有权拒绝其履行要求，不仅如此，如果一方在对方履行债务不符合约定时，依法有权拒绝其相应的履行要求。

2. 先履行抗辩权

在双务合同中，双方当事人履行合同有先后顺序，此项抗辩权属于后履行义务一方。当先履行一方未履行时，后履行一方有权拒绝其履行要求，并且先履行一方履行义务不符合要求的，后履行一方也有权拒绝履行。

3. 不安抗辩权

在双务合同中，当事人双方也有履行先后顺序。如果先履行一方有确切证据证明后履行一方丧失履行债务的能力，在没有提供担保之前，有权暂时中止履行。该情形主要包括：对方经营状况严重恶化；对方有转移财产、抽逃资金以逃避债务的情形；对方丧失商业信誉；其他丧失履行债务的能力。不安抗辩权是供用电合同中供电公司常用的一种保护供电企业的抗辩方法。

3.1.5　合同中的代位权和撤销权

合同中的代位权和撤销权又叫合同的保全。合同的保全是为了防止因债务人的财产不当减少，而给债权人的债权带来危害时，允许债权人行使代位权或撤销权，以保护其债权的实现而采取的法律措施。

代位权是指因债务人怠于行使其到期债务，对债权人造成损害，债权人出于保全债权的需要，向人民法院请求以自己的名义代位行使债务人债权的权利。债权人行使代位权应当符合以下条件：①债权人与债务人之间必须存在合法的债权债务关系；②债务人对自己到期的债权怠于行使；③债务人怠于行使自己权力的行为对债权人造成损害；④债权人代位行使的范围应以债权人的债权为限；⑤债务人已陷入履行迟延。代位权的行使必须经过诉讼的方式进行。

撤销权是指因债务人实施减少其财产的行为，对债权人造成损害的，债权人可以请求人民法院撤销该行为的权利。债权人行使撤销权应当符合以下条件：①需有债务人减少其财产或者增加其财产负担的行为；②债务人的行为须危害债权的实现；③债务人的行为需发生在债权成立之后；④债务人主观上需具有实施危害债权行为的恶意。撤销权的行使也需经过诉讼的方式进行，由享有撤销权的债权人以自己的名义提起诉讼，诉讼请求是请求法院依法撤销债务人不当处分财产的行为。撤销权的行使范围以债权人的债权为限。撤销权人行使撤销权对债务人的行为生效后，债务人的行为被视为自始无效。

3.1.6 违约责任

违约责任即违反合同的法律责任，是指合同当事人一方不履行合同义务或者履行合同义务不符合约定时应当承担的法律责任。《合同法》中规定了以下几种违约责任的形式：

1. 继续履行

当事人一方未支付价款或者报酬的，对方可以要求其支付价款或者报酬。

当事人一方不履行非金钱债务或者履行非金钱债务不符合约定的，对方可以要求履行，但有下列情形之一的除外：第一，法律或者事实上不能履行；第二，债务的标的不适于强制履行或者强制履行费用过高的；第三，债权人在合理期限内未要求履行。

2. 采取补救措施

当事人一方履行合同义务不符合约定的，应当按照当事人约定承担违约责任。受损害方可以根据受损害的性质以及损害的大小，合理选择要求对方适当履行，如采取修理、更换、重做、退货、减少价款或者报酬等措施，也可以选择解除合同、中止履行合同、通过提存履行债务、行使担保债权等补救措施。

3. 赔偿损失

当事人一方不履行合同义务或者履行合同义务不符合约定的，在履行义务或者采取补救措施后，对方还有其他损失的，应当赔偿损失。损失赔偿额应当相当于违约造成的损失，包括合同履行后可以获得的利益，但不得超过违反合同一方订立合同时预见到或者应当预见到的因违反合同可能造成的损失。

4. 支付违约金

为了保证合同的履行，合同当事人可以约定一方违约时应当根据情况向对方支付一定数额的违约金，也可以约定因违约产生的损失赔偿额的计算方法。

约定的违约金低于造成损失的，当事人可以请求人民法院或者仲裁机构予以增加；约定的违约金过分高于造成的损失的，当事人可以请求人民法院适当减少。

3.1.7　免责事由

免责事由是指根据法律规定或者合同的约定，当事人可对其不符合合同约定的行为或者对于他人人身、财产等损失不承担法律责任的事实和理由。《合同法》规定了三种免责事由：法定事由、免责条款、法律特别规定。

法定的免责事由是不可抗力。因不可抗力不能履行合同的，根据不可抗力的影响，部分或者全部免除责任。当事人迟延履行后发生不可抗力的，不能免除责任。当事人一方因不可抗力不能履行合同的，应当及时通知对方不能履行或者不能完全履行的理由，并在合理期限内提供有关机构的证明，证明不可抗力及其影响当事人履行合同的具体情况。

免责条款是指合同双方当事人在合同中约定，当出现一定事由或者条件时，可以免除违约方责任。

在其他法律有特殊规定的情形下，可以免除当事人违约责任。如《合同法》规定，承运人对运输过程中货物损毁、灭失承担损害赔偿责任，但承运人证明货物的损毁、灭失因不可抗力，货物本身的自然属性或者合理损耗以及托运人、收货人的过错造成的，不承担损害赔偿责任。

3.2　供用电合同

3.2.1　供用电合同的概念和特征

供用电合同是《合同法》中明确规定的有名合同，是供电公司与电力用户之间签订的电力供应与用电的协议，也是供电公司与电力用户之间双方合意的结果。供用电合同是规范合同双方行为、明确双方权利义务、快速解决合同纠纷的重要文件。供用电合同是《合同法》的组成部分，适用《合同法》的基本制度、原则。供用电合同是专门性合同，同时适用电力法律体系的特别规定。在法律适用时，电力法律体系中的法律、行政法规、规章、规范性文件均为供电企业开展营业工作的要求，发生纠纷时，法院将适用相关法律与行政法规。

根据《合同法》，供用电合同是供电人向用电人供电、用电人支付电费的合同。

供用电合同标的是一种特殊商品——电力，因此供用电合同本质上属于特殊类型的买卖合同，除符合一般买卖合同的特征外，还具备以下几个特征：①合同标的物的特殊性。供用电合同的标的物是“电力”这种特殊商品，虽客观存在，但是看不到，只有在连续使用过程中才能表现出来。②供用电合同是持续供电合同。供电人在发电、供电系统正常的情况下，应当连续不断为用电人供电，不得中断。用电人在合同约定时间内，享有连续用电的权利。③电力价格实行统一定价原则。根据“电力法”规定，电价由国家物价部门核准，供电企业不得擅自变更价格。

《合同法》第十章 供用电、水、气、热力合同

3.2.2 供用电合同种类

根据我国实际情况，并考虑不同用户的特点，将供用电合同分为六类：

①高压供用电合同：适用于供电电压 10 千伏及以上的高压电力用户。

②低压供用电合同：适用于供电电压为 220/380 伏低压普通电力用户。

③临时供用电合同：适用于短时、非永久性用电的用户。

④趸购电合同：适用于向供电企业趸购电力，再转售给用户购电的情况。

⑤委托转供电协议：适用于公用供电设施未到达区域，供电方委托有供电能力的用户（转供电方）向第三方（被转供电方）供电的情况。这是在供电方分别与转供电方和被转供电方签订供用电合同的基础之上，三方共同就转供电有关事宜签订的协议。

⑥居民供用电合同：居民用户用电需求类同，供电方式简单，但居民用户的数量占了供电用户总数的95%以上，对居民用户的供用电合同，可以采取背书的方式处理。

3.2.3 供用电合同条款

根据相关法律规定，供用电合同应当具备以下条款：供电方式，供电质量，供电时间，用电容量，用电地址，用电性质，电价、电费结算方式，供用电设施维护责任划分，违约责任，争议解决方式，双方约定的其他条款。

1. 供电方式

供电方式由供电人在收到用电人申请后，从供用电的安全、经济、合理和便于管理的原则出发，依据国家的有关规定，与用电人协商确定。

用电人用电设备容量不足10千瓦的，可采用低压220伏供电，但有单台设备容量超过1千瓦的单项交流设备时，用电人必须采取有效的技术措施以消除对电能质量的影响。用电人用电设备容量在100千瓦及以下或者需要用变压器容量在50千伏安及以下的，可采用低压三相四线制供电，特殊情况也可采用高压供电。

2. 供电质量

供电质量是指用电方与供电方之间相互作用和影响中供电方的责任，包括技术部分（即电压质量）和非技术部分（即供电服务质量）。

供电质量对工业和公用事业用户的安全生产、经济效益和人民生活有着很大的影响。供电质量恶化会引起用电设备的效率和功率因数降低、损耗增加、寿命缩短、产品品质下降。理想情况下，电力系统应以恒定的工业频率（50赫兹或60赫兹）和正弦波形，按规定的电压水平向用户供电。三相中，各相电压和电流应该是幅值和相位差都相等的对称状态。工程上要使电力系统保持三相平衡的、稳定的正弦波形的供电压，则要求用户的负荷具有正弦电流和三相平衡分配，并能以恒功率供电。

3. 供电时间

根据“电力法”规定，用电人和供电人应该在供用电合同中明确供用电时间和期限。

4. 用电容量

用电容量是指用电人申请，供电人同意的用电人受电变压器容量之和。一般来讲，用电容量是用电人瞬间可使用电力的最高值，允许用电人低于但不超过用电容量用电。

5. 用电地址

用电地址是指用电人受电设施所在的地址，涉及供用电设施的建设和维护。因此，合同中应予以明确约定，且不得随意更改。

6. 用电性质

用电性质可分为农业用电、工业用电、居民生活用电、商业用电等。不同性质的用电电价是有区别的，因此，用电性质的确定是供用电合同必备条款。

我国制定电价的原则

7. 电价、电费结算方式

用电方应该根据国家规定的电价向供电方支付相应的电费。供用电合同中应该明确计费容量、电价、电能计量方式、电费结算方式、电费支付方式。

8. 供用电设施维护责任划分

合同中应该约定供用电合同的履行地点，合同中若无约定，则以双方供电设施产权分界处为标准。

9. 违约责任

供电人或者用电人违反合同，给对方造成损失的，应当承担赔偿责任。供电人未保证供电质量或者未事先通知用户中断供电，给用电人造成损失的，应当承担赔偿责任。因电力运行事故给用户或者第三人造成损害的，供电人应当依法承担损害赔偿责任。用户或者第三人的过错给电力企业或者其他用户造成损害的，用户或者第三人应该依法承担损害赔偿责任。

10. 争议解决方式

双方当事人在合同中应就争议解决方式及管辖机构或者地点进行明确

约定。

3.2.4　供用电合同双方义务

1. 供电人义务

（1）保质、安全供电义务

供电人应当按照国家规定的供电质量标准和约定安全供电。供电人未做到造成用电人损失的，应当承担损害赔偿责任。

（2）中断供电及时通知义务

供电人因供电设施计划检修、临时检修，依法限电或者用电人违法用电等原因，需要中断供电时，应当按照国家规定事先通知用电人。未事先通知用电人中断供电，造成用电人损失的，应当承担赔偿责任。

（3）断电及时抢修义务

因自然灾害等原因断电的，供电人应当按照国家有关规定及时抢修。未及时抢修的，造成用电人损失的，应当承担损害赔偿责任。

2. 用电人义务

（1）及时交付电费的义务

用电人应当按照国家有关规定和双方当事人的约定及时交付电费。用电人逾期不交付电费的，应当按照约定支付违约金。经过催告，用电人在合理期限内仍不交付电费和违约金的，供电人可以按照国家有关规定中止供电。

（2）安全用电义务

用电人应当按照国家有关规定和当事人约定安全用电。用电人未按照国家有关规定和当事人约定安全用电，造成供电人损失的，应当承担损害赔偿责任。

3.2.5　供用电合同的变更和解除

1. 供用电合同变更

当用电客户需要变更用电时，下列情形需要事先提出申请，并携带有关证明文件，到供电企业用电营业场所办理手续，变更供用电合同。

①减少合同约定的用电容量。

②暂时停止全部或者部分受电设备的用电。

③临时更换大容量变压器。

④迁移受电装置用电地址。

⑤移动用电计量装置安装位置。

⑥暂时停止用电并拆表。

⑦改变用户的名称。

⑧一户分裂为两户及以上的用户。

⑨两户及以上的用户合并为一户。

⑩合同到期终止用电。

⑪改变供电电压等级。

⑫改变用电类型。

2. 供用电合同解除

根据相关法律规定，供用电合同解除分为两种形式。一种是协议解除，一种是法定解除。

（1）协议解除

协议解除是指供用电双方达成一致解除合同。协议解除有两种情形：一种是事后协商解除，双方当事人协商一致，可以解除合同；一种是约定解除。当事人可以约定一定的解除条件，解除条件成立时，可以解除合同。

（2）法定解除

法定解除是指合同成立后在没有履行或者履行过程中，当事人一方行使法定解除权而解除合同。有以下情形的，当事人可以解除合同：

①因不可抗力致使不能实现合同目的。

②在履行期限届满前，当事人一方明确表示或者以自己的行为表明不履行主要债务。

③当事人一方迟延履行主要债务，经催告后在合理期限内仍未履行。

④当事人一方迟延履行主要债务或者有其他违约行为致使合同主要目的不能实现。

3.3　供用电企业的强制缔约规定

根据“电力法”第二十六条规定：供电营业区内的供电营业机构，对本营业区内的用户有按照国家规定供电的义务；不得违反国家规定对其营业区内申请用电的单位和个人拒绝供电。除此之外，供电企业也不得有《反垄断法》规定的经营者滥用市场支配地位的行为。第一，没有正当理由，不得拒绝与相对人进行交易；第二，没有正当理由，不得限定交易相对人，不得限定只能与其进行交易或者与其指定的交易者进行交易；第三，没有正当理由不得搭售商品；第四，没有正当理由，不得对条件相同的交易相对人在交易价格等条件上实行差别待遇。《供电监管办法》第十八条也对此做了相应规定：电力监管机构对供电企业公平、无歧视开放供电市场的情况实施监管。供电企业不得从事下列行为：①无正当理由拒绝用户用电申请；②对趸购转售电企业符合国家规定条件的输配电设施，拒绝或者拖延接入系统；③违反市场竞争规则，以不正当手段损害竞争对手的商业信誉或者排挤竞争对手；④对用户受电工程指定设计单位、施工单位和设备材料供应单位；⑤其他违反国家有关公平竞争规定的行为。

在与客户签订供用电合同时，供电企业首先要履行“电力法”第二十六条规定的强制缔约义务，对本营业区客户有按照规定供电的义务，除非有正当理由，否则不得拒绝供电。除此之外，供电企业还应该在营业场所公布“电力法”《供电营业规则》和《供电监管办法》等法律规定和行政规章的有关规定，公告用电程序、制度和收费标准，提供客户须知资料。

3.4　供用电合同的合同附件

合同附件一般指在主合同中已经约定了的见附件，其是主合同的组成部分；如果没有明确约定，附件一般可以用来解释主合同，附件要服从主合同的约定。

在供用电合同中，为了使供用电合同结构更为合理，能统一方便使用，对于供用电主合同中特别约定的条款仅仅用文字难以表达清楚的，可以采用合同附件解决。这样既不失去合同的统一性，又解决个别问题。合同附件是合同的组成部分，与合同正文具有同等效力。通常以下合同条款用合同附件形式解决：①表明产权分界点；②受电方设备维护代管协议；③用电方对供电方用电检查的配合协作义务；④违章用电、窃电的处理程序和方法。

3.5 供电合同无效和可撤销

1. 供电合同无效的情形

无效合同是指合同从订立开始就不具有法律效力。《合同法》第五十二条规定：有下列情形之一的，合同无效：①一方以欺诈、胁迫的手段订立合同，损害国家利益；②恶意串通，损害国家、集体或者第三人利益；③以合法形式掩盖非法目的；④损害社会公共利益；⑤违反法律、行政法规的强制性规定。根据《合同法》的规定，主体不合格；用电方隐瞒其违反法律法规强制性规定或损害社会利益而订立的供用电合同；与政府明令关停的企业签订的合同等都属于无效的供用电合同。无效的供用电合同自合同订立时起就不具备法律约束力。

2. 供用电合同可撤销的情形

可撤销合同是指订立合同时，因意思表示不真实，法律允许通过行使撤销权而使已经生效的合同归于无效。下列合同，当事人一方有权请求人民法院或者仲裁机构变更或者撤销：因重大误解订立的；在订立合同时显失公平的；一方以欺诈、胁迫手段或者乘人之危，使对方在违背真实意思情况下订立的合同，受损害方有权请求人民法院或者仲裁机构予以撤销。

3.6 委托转供电合同

“电力法”第二十五条规定：“供电企业在批准的供电营业区内向用户供电。供电营业区的划分，应当考虑电网的结构和供电合理性等因素。一个供电营业区内只设立一个供电营业机构。”《电力供应与使用条例》第二十条规定：“供电方式应当按照安全、可靠、经济、合理和便于管理的原则，由电力供应与使用双方根据国家有关规定以及电网规划、用电需求和当地供电条件等因素协商确定。在公用供电设施未到达的地区，供电企业可以委托有供电能力的单位就近供电。非经供电企业委托，任何单位不得擅自向外供电。”很明显，转委托供电合同是供电企业与委托转供户就转供范围、转供期限、转供费用、转供用电指标、计量方式、产权划分等事项签订的协议。

委托转供电应该遵守下列规定：

①供电企业与委托转供户就转供范围、转供期限、转供费用、转供用电指标、计量方式、产权划分等事项签订协议。

②转供区域内用户，视同供电企业的直供户，与直供户享有同样的用电权利，其他一切事宜按照直供户的规定办理。

③向被转供户供电的公用线路与变压器的损耗量应该由供电企业承担，不得摊入被转供户用电量中。

④在计算转供户用电量、最大需量及功率因数调整电费时，应该扣除被转供户公用线路与变压器消耗的有功、无功电量。

⑤委托的费用，按委托的业务项目多少，双方协商确定。

3.7　供用电合同常见纠纷和处理

1. 电费纠纷

用电客户不按时交纳电费，违反供用电合同约定，应当交纳电费违约金。《电力供应与使用条例》第三十九条规定：“违反本条例第二十七条规定，逾期未交付电费的，供电企业可以从逾期之日起，每日按照电费总额的1‰~3‰加收违约金，具体比例由供用电双方在供用电合同中约定；自逾期之日起计算超过30日，经催交仍未交付电费的，供电企业可以按照国家规定的程序停止供电。《供电营业规则》第九十八条规定，用户在供电企业规定的期限内未交清电费时，应承担电费滞纳的违约责任。电费违约金从逾期之日起计算至交纳日止。每日电费违约金按下列规定计算：(1）居民用户每日按欠费总额的千分之一计算；(2）其他用户：①当年欠费部分，每日按欠费总额的2‰计算；②跨年度欠费部分，每日按欠费总额的3‰计算。电费违约金收取总额按日累加计收，总额不足1元者按1元收取。现实生活中，用户欠费的原因往往很复杂，要针对不同的情况进行处理。

善意拖欠电费是指客户已经尽力，但由于客观原因仍然无法按时足额缴纳电费，从而造成拖欠电费的情形。判断客户是否是善意拖欠电费，需综合判断，根据客户的缴费记录，其他诸如金融系统、税务系统对客户的信用评价，以及客户最近的经营状况来进行确定。通过分析，客户的确属于善意拖欠电费的，供电企业应该采取宽容、扶持和帮助的策略来解决，这样做，也会赢得客户的信任和社会的尊重。

信誉不良，恶意拖欠电费的客户，往往占用了供电公司追费成本的大部分。因此，面对恶意拖欠电费的客户，供电企业在签订供用电合同时，可要求客户提供担保，在合同履行过程中，客户出现合同法规定的行使不安抗辩权的情形时，要及时行使不安抗辩权，中止供电，要求提供担保。对于仍然不缴纳电费的，可以依法解除合同。

政府作为国家公权力机关，需要对各行各业之间的关系进行宏观协调，有时候为了保护重点产业，往往会对个别重点企业进行扶持或者限制企业破产，这样的企业，在进行破产清算时，供电企业作为一般债权人，其电费也往往难以收回。在处理政府扶持企业的电费纠纷时，签订合同之前，要做足调查工作掌握该企业资信情况；在合同履行过程中，出现令供电企业不安的情况时，要及时向政府汇报，争取取得政府支持；一旦客户真的出现拖欠电费的情况，要及时和客户沟通，了解必要情况，及时止损。

需要特别提醒的是，尽管《电力供应与使用条例》和《供电营业规则》均对电费违约金做了明确的规定，但是《合同法》并没有规定法定违约金制度，只规定了约定违约金。如果在供用电合同中供用电双方没有约定违约金，法院很难支持供电企业援用条例和规则中1‰～3‰的规定，一般只会按照普通债权来处理并按照实际损失来计算。

2. 供用电合同违约纠纷

这里所说的合同违约是指除电费交纳违约之外的违约行为，包括供电方违约和用户违约。供电方违约主要表现在供电人未按照国家规定的供电质量标准和约定安全供电，造成用电人损失的；供电人因供电设施计划检修、临时检修、依法限电或者用电人违法用电等原因，需要中断供电时，应当按照国家有关规定事先通知用电人，未事先通知用电人中断供电，造成用电人损失的；因自然灾害等原因断电，供电人应当按照国家有关规定及时抢修。未及时抢修，造成用电人损失的。用户违约包括用电人未按照国家有关规定和当事人的约定安全用电，造成供电人损失的。《电力供应与使用条例》第三十条、第三十一条，《供电营业规则》第一百条都对用户的违约行为做了规定。

3. 供电服务纠纷

供电企业是从事电力商品销售的特殊服务行业。随着社会经济的持续繁荣和人民群众生活品质的提升以及对电力依存度的不断提高，用电客户对电力服务的需求和要求也不断提高。如何推进供电服务品质提升，为供电企业又好又快发展提供保障，是今后很长一段时间要研究和解决的重要课题。供用电服务的项目繁多，主要包括业务扩充、抄核收、变更用电等内容，其中比较容易产生纠纷的就是中止供电程序不当引发的法律纠纷。减少纠纷的办法其实也比较简单，就是按照法律法规规定的中止供电程序执行，保存好各项资料单据，保证工作不出现违法违规的情况。这样才能在纠纷诉讼中占据主动地位。

4. 产权归属纠纷

一起供用电合同纠纷案

《供电营业规则》第五十一条规定：“在供电设施上发生事故引起的法律责任，按供电设施产权归属确定。产权归属于谁，谁就承担其拥有的供电设施上发生事故引起的法律责任。但产权所有者不承担受害者因违反安全或其他规章制度，擅自进入供电设施非安全区域内而发生事故引起的法律责任，以及在委托维护的供电设施上，因代理方维护不当所发生事故引起的法律责任。”由此来看，将从电源到用户的受电设施之间的送配电设施的产权划清归属很有必要。

《供电营业规则》第四十七条规定：供电设施的运行维护管理范围，按产权归属确定。责任分界点按下列各项确定：①公用低压线路供电的，以供电接户线用户端最后支持物为分界点，支持物属供电企业。②10 千伏及以下公用高压线路供电的，以用户厂界外或配电室前的第一断路器或第一支持物为分界点，第一断路器或第一支持物属供电企业。③35 千伏及以上公用高压线路供电的，以用户厂界外或用户变电站外第一基电杆为分界点，第一基电杆属供电企业。④采用电缆供电的，本着便于维护管理的原则，分界点由供电企业与用户协商确定。⑤产权属于用户且由用户运行维护的线路，以公用线路分支杆或专用线路接引的公用变电站外第一基电杆为分界点，专用线路第一基电杆属用户。在电气上的具体分界点，由供用双方协商确定。

3.8 供用电合同管理

供用电合同是主要的法律文书，又是营销管理的重要基础资料。管理好供用电合同，使得营销工作有依据、有条理。一旦与用户发生纠纷，有根据、有证据。可以利用 MIS（管理信息系统）系统搭建平台进行管理。

1. 合同初始化的管理

（1）建立合同变量表

根据工作经验，结合本地管理习惯和传统，科学地设置合同变量，尽量保持变量的一致性、唯一性、长期性，以保证对合同数据的查询、统计和分析，并为以后的扩展应用留出充裕空间。变量设置应该尽量保持独立性、扩展性和稳定性。

（2）构建合同模板

首先根据供电方式、计量方式、电费结算方式和需求将供用电合同分为六类：高压供用电合同，低压供用电合同，临时供用电合同，趸购电合同，委托转供电合同和居民供用电合同。供用电合同条款与内容要根据客户的供电方式、金额、用电需求，围绕双方权利义务和供用电合同履行过程中经常发生的法律责任构造出各种具有不同内容和形式的合同范本。

（3）共享与权限

为了使合同软件能与其他系统实现数据共享，营销工作实现同步性、统一性、规范性、实时性，以提高整体工作效率，应该设置相应的数据接口。根据工作实际，使合同软件能够利用其他软件或者营销 MIS 系统数据，也可以使其他软件或者营销 MIS 系统使用其他合同软件数据。在考虑数据共享时，也要考虑保密和操作权限，赋予不同操作人员的权限，规范其操作行为。

2. 订立合同的管理

（1）自动生成合同文本并自动引入合同数据

新建合同，在与客户将条款内容协商好后，确定好客户编号，只需将客户基本信息和已经协商好的供用电需求数据输入不同模板，即可生成该客户的供用电合同。

（2）合同编制

合同在签订前，往往要经过反复协商修改，这就要考虑合同修改、编辑的便捷性。为了减少相同信息的重复输入量，对合同变量涉及的所有可能的情况，均可以选择菜单式解决，这样保持术语一致。合同规范标准，还可以提高工作效率。

（3）合同附件

供用电合同有些内容往往很复杂，以条款来解决比较麻烦，因此往往以附件的方式解决。为了便捷高效地签订合同附件，也需仿照主合同，做出附件模板，在生成主合同时一并生成合同附件。

（4）合同会签、签订和续签

供用电合同既涉及供用电技术和业务，也涉及相关法律问题，合同内容繁多，对高压客户的供用电合同和一些重要客户的供用电合同要进行审查会签，参加审查会签的人员应包括分管负责人、营销部门的专业人员和法律顾问。各专业人员之间的审查要覆盖全合同，不能遗漏合同任何款项，在认真审核后，方可签订合同。在合同流转会签过程中，要设计好合同流转程序、各部门的权限及保密功能。

3. 合同资料的管理

合同文本保存分为纸质文档和电子文档保存。

（1）纸质文档保存

纸质文档保存可以保留合同签订的原始状态。供用电合同档案的存放，应该有可靠的防火、防盗、防损坏措施，合同变更协议等附件均应及时纳入合同档案一同妥善保存。

纸质文档是供用电双方当事人权利义务关系的主要证据，一旦发生纠纷，只能依靠纸质档案，取得法院支持。

（2）电子文档保存

电子文档保存分为整篇文档保存和数据文本保存，前者既起到备份作用，又为查询合同原文提供便捷途径；后者可使合同管理人员便捷简明地进行合同数据统计分析或者生成报表，为供用电合同动态管理从技术上打下基础。

4. 供用电合同动态管理

在实践中，供电企业作为公益性企业，有让客户先行消费电能，再按照计量结果缴费的惯例，这本身就意味着供电方承担着债权可能难以实现的风险。所以供电企业要及时收回电费，就应该对供电合同履行全过程进行管理，依法知晓债务人经营状况，关注债务人履行能力，保证自身债权的安全实现。

（1）条件查询和统计分析

查询的方式可以根据合同编号、户名、容量、用电分类、电压等级、行业分类、合同有效期等变量进行。有的查询设置既是为了查询具体的客户，也是为了便于分类统计供电营销数据。此外，还可以考虑查询数据设置与客户服务咨询数据共享。

在合同管理工程中能够统计月度、年度合同数量和新签订合同数量；统计各类用电信息，包括容量、供电方式、电压类别、用电性质、各种用电变更情况、客户经营和财务重大变动等情况。

（2）合同履行和变更

在供电营销过程中，应实时将客户履行合同的情况和用电变更情况反馈给合同管理人员做实时记录。保证通过合同管理软件统计查询到客户最新的用电情况资信。合同变更主要是指用电变更。变更的申请、施工安装、验收、接受的资料和记录均应该及时收归合同纸质备案，并在电子档案中做出相应的记录。

（3）合同履行监督

在供用电合同管理中要确立法律风险预警机制，建立和完善供用电合同签订前对客户的资信审查制度和合同履行过程中客户的履约能力的跟踪监管制度，形成事前预防、事中管理、事后补救的动态运行管理机制。根据合同履行或者变更记录，监督客户的履约情况、经营财务状况、用电变更情况，对客户发出提示信息并及时向相关部门提供营销决策建议，必要时启动风险预警机制。

供电规则中的“合法的”免责条款

（4）合同纠纷处理，终止与解除

对于和客户之间的较大纠纷，如投诉、仲裁、诉讼、终止和解除合同等事件的发生时间、地点、原因、经过和处理结果等应该记录在合同管理的模板上，便于合同纠纷管理和历史资料查询，或者为新的纠纷解决提供证据资料。

【模块小结】

供用电合同是供用电双方权利和义务关系的载体，规范供用电行为的制度，供用电合同涵盖双方供用电关系的所有内容，包括在供电营销等环节上的权利和义务，在安全生产运行中的能力，在电力设施保护等方面的权利和义务，依法收取和支付电费、用电检查等内容。学生首先应了解《合同法》的相关知识，再结合供用电合同的具体问题学习和运用相关法律知识。

第三部分　知识巩固

一、不定项选择题

1. 以下哪些是合同的主要条款？（　　）

A. 履行时间　　B. 违约责任

C. 价款报酬　　D. 履行标的

2. 以下哪些属于合同违约责任的内容？（　　）

A. 继续履行　　B. 赔偿损失

C. 支付违约金　　D. 采取补救措施

3. 以下哪些属于供用电合同？（　　）

A. 高压供用电合同　　B. 低压供用电合同

C. 临时供用电合同　　D. 趸购电合同

4. 以下哪些属于供用电合同的主要条款？（　　）

A. 供电方式　　B. 供电质量

C. 供电时间　　D. 用电性质

5. 供用电合同中，供电人的主要义务有哪些？（　　）

A. 安全供电义务　　B. 中断供电及时通知义务

C. 断电抢修义务　　D. 及时收取电费义务

二、简答题

1. 合同抗辩权的内容。

2. 合同违约责任形式。

3. 供用电合同双方义务。

4. 供用电合同无效情形。

5. 供用电合同可撤销的情形。

三、案例分析题

某食品厂由于受市场影响，产品严重滞销，经营状况严重恶化，导致欠某供电公司电费达60余万元。若不及时采取措施，如该厂破产倒闭，将给供电企业造成较大经济损失。供电公司依据“电力法”“合同法”相关规定，通知该厂于3日内缴清电费，同时告知用电客户，由于其经营状况严重恶化，供电企业已符合“合同法”第六十八条、第六十九条规定的行使不安抗辩权的法定条件，用电方必须为下期用电电费提供担保，否则将中止供电。该食品厂缴清了电费，却拒绝提供担保，供电公司按规定程序中止对该厂供电。该食品厂以供电公司停电属违约行为为由，向某基层人民法院提起民事诉讼，认为供电公司要求其提供担保在“电力法”中无明确规定，要求供电公司恢复供电，并赔偿停电导致的损失15万元。供电公司聘请律师积极应诉，向法庭提交了供用电合同、近半年来该厂电费发票存根（证明多次未按期缴纳电费、履约能力明显降低）、从工商行政管理局复制的该厂企业法人营业执照年审材料及从该厂主管部门复制的财务会计报表（证明该厂经营状况严重恶化）等证据材料。试用《合同法》相关知识分析该案例。

第四部分　实例应用

实例1：某市磨料公司与供电公司高压供电合同案

【案情】某市磨料公司与该市的供电公司签订了高压供用电合同及补充调度协议。高压供用电合同约定：供电公司向磨料公司供电，供电方按照国家物价行政主管部门批准的电价、用电计量装置的记录和损耗电量，向用电方定期结算电费及随电量征收有关费用。在合同有效期内，发生电价和其他收费项目费率调整时，按调价文件规定执行。供电方应按规定日期抄表，按期向用电方收取电费。用电方直接向供电方缴付电费，每月缴付一次，即每月22日结清全部电费。用电方不得以任何方式、任何理由拒付电费。用电方对用电计量、电费有异议时，应先缴清电费，然后双方协商解决。协商不成时，可请求电力管理部门调解。调解不成时，双方可到有管辖权的人民法院提起诉讼。合同期限为一年。合同双方现采用预付电费卡的方式缴纳电费，预付电费卡由磨料公司持有，并设置有密码，磨料公司用电先预存电费，市供电公司折算成电量供磨料公司使用。该合同订立的时间为2009年3月。

2007年10月10日，郑州市物价局转发河南省发展和改革委员会豫发改价管（2007）1506号《关于规范登电集团转供电量电价有关问题的通知》，通知规定：为了理顺供用电秩序，提高供用电质量，经研究，原登电集团供电的用户改由登封市电业局供电后，用户用电价格暂按365.2元/千瓦时（含除城市附加外的各项政府性基金及附加）执行，用户电价逐步过渡到按目录电价执行，三年过渡到位。该文件自2007年5月1日起执行。2009年12月4日，河南省发展和改革委员会又下发了豫发改价管（2009）1976号《河南省发展和改革委员会关于2009年电价调整的通知》，该通知规定：为疏导电价矛盾、完善电价结构、促进可再生能源发展，国家发展改革委决定适当提高华中电网电价水平。大工业用电价格按《河南省电网直供销售电价表》所列大工业生产用电价格执行，即：电炉铁合金、电解烧碱、黄磷、电石、电解铝生产用电1~10千伏按0.625元/千瓦时收费、35~110千伏按0.616元/千瓦时收费、110千伏及以上按0.606元/千瓦时收费，取消地方政府出台的优惠电价措施。该电价调整自2009年11月20日执行。电力用户11月20日后的用电量，可按对应抄表周期内日平均用电量乘以应执行调整后电价的天数确定。2010年5月12日，国家发展改革委、国家电监会、国家能源局又联合下发了发改价格（2010）978号《关于清理对高耗能企业优惠电价等问题的通知》，通知指出：为了抑制高耗能企业盲目发展，促进经济发展方式转变和经济结构调整，决定取消对高耗能企业的优惠电价措施。并要求省级价格主管部门要尽快向省级人民政府汇报，并会同有关部门按照要求进行自查自纠，立即停止执行自行出台的优惠电价措施。该通知要求对高耗能企业的用电价格优惠自2010年6月1日起调整到位。

本案中，按照省发改委（2007）1506号通知的规定，原由电供电公司供电的用户改由登封市电业局供电后，用电价格暂按0.3652元/千瓦时执行，用户电价逐步过渡到按目录电价执行，三年过渡到位。在此期间磨料公司依政策调整到0.4802元/千瓦时。2010年5月16日之前磨料公司均按期向市供电公司缴纳了电费。2010年6月初，供电公司称至2010年4月30日按照1506号文件规定所享受的优惠应终止，且国家发改委等三部门也联合下发了（2010）978号《关于清理对高耗能企业优惠电价等问题的通知》，向上级争取优惠电价已不可能实现，故从2010年5月1日起应按照省发改委1976号文件，电炉铁合金工业用电按0.625元/千瓦时收费，磨料公司执行后上调差价0.1448元/千瓦时，因此依据双方签订的供用电合同及《合同法》的规定，要求磨料公司补缴2010年5月1日至16日的差额电费。期间磨料公司于 2010 年 8 月以供电公司侵权为由将供电公司起诉至市人民法院，称供电公司未经其同意从其预存电费的账户上擅自扣划电费，被告供电公司针对此案也提出反诉，后因双方达成和解（供电公司将扣划磨料公司的差额电费通过市人民法院全额返还给磨料公司），撤诉结案。2011 年 4 月 21 日供电公司又单方发出催缴电费通知书，要求磨料公司于 2011 年 5 月 10 日前补缴差额电费。而磨料公司却以用电期间均按供电公司要求的时间、金额、方式缴纳了电费，已经全面履行了合同义务，在电费清结后供电公司对用电户提出的任何收费要求都是非法的，本案诉前供电公司也已经以实际行动证明和履行了扣划的所谓差额电费的返还义务为由，拒不缴纳差额电费，致使供电公司诉至法院，要求磨料公司支付应补缴差额电费 269877.38 元及滞纳电费违约金 97156.01 元（计算截至 2011 年 4 月）至清偿完毕止；本案诉讼费由被告承担。

【焦点及相关证据】

本案的焦点是被告从 2010 年 5 月 1 日至 16 日期间的电费是否应当补缴。原告提供的证据是相关的政府文件。解决是否需要补缴电费的问题，首先要解决以下几个问题：①原被告双方是否存在供用电合同？②政府文件规定的调价时间是从什么时候开始计算的？

【判决结果】

一审法院认为，合同是平等主体的自然人、法人、其他组织之间设立、变更、终止民事权利义务关系的协议。合同当事人的法律地位平等，一方不得将自己的意志强加给另一方。当事人行使权利、履行义务应当遵循诚实守信原则。本案中，原告供电公司与被告磨料公司签订有高压供用电合同，虽然合同已到期，但被告仍依约定预存电费，原告按量供电，形成了事实上的供用电关系，原、被告双方对此均无异议，予以确认。2010 年 6 月初，原告以按照省发改委 1506 号文件规定的三年过渡到位，且根据国家发改委等三部门联合下发的（2010）978 号文件精神，向上级争取优惠电价已不可能实现，从 2010 年 4 月 30 日要按照省发改委 1976 号文件规定的电价收缴电费为由，要求被告补缴 2010 年 5 月 1 日至 16 日期间的差额电费的诉讼请求，法院认为原告按照国家批准的配电电价、销售电价执行电价，同时应以平等民事主体身份，与用电企业签订供用电合同，销售电资源。《合同法》规定："依法成立的合同，对当事人具有法律约束力。当事人应当按照约定履行自己的义务，不得擅自变更或者解除合同"，且合同是双方当事人在自愿、平等的前提下签订的，一方当事人变更合同内容，应经双方协商一致，本案中，直至 2010 年 5 月 16 日，原、被告双方对供用电合同的履行均无异议，被告按需求预付电费，原告则依被告预付的费用供电，以上有原告方出具的电费增值税发票为证，应视为至 2010 年 5 月 16 日之前双方的供用电合同已履行完毕。既然双方是平等主体，原告变更电价应提前告知被告并达成一致意见，而原告在未提前告知，且双方均已将供用电合同履行完毕的情况下，单方提出要求被告补缴 2010 年 5 月 1 日至 16 日期间的差额电费的请求没有任何事实根据和法律依据，因此，法院不予支持。至于原告诉称其依据的是省发改委（2009）1976 号文件，电价是政府定价，双方无权对电价进行约定的说法也不能成立，因为如果依据该文件所规定大工业生产用电价格执行电价，取消地方政府出台的优惠电价措施的话，那么从 2009 年 11 月 20 日开始就应执行新的电价，而不应到 2010 年 5 月才开始执行该电价。如按原告诉称其依据国家发改委等三部门联合下发的（2010）978 号文件精神，向上级争取优惠电价的期望已不可能实现的说法，法院认为，第一，该文件于 2010 年 5 月中旬下发，证明原告是于 2010 年 5 月中旬才要求被告补缴 2010 年 5 月 1 日至 16 日期间的电费的，但此时合同已履行完毕；第二，既然原告称其是在"向上级争取优惠电价的期望已不可能实现"的情况下，才要求被告补缴电费的，证明原告是有权利同时也是有可能争取到优惠电价的，故被告基于信赖心理按原合同缴付电费，并无任何过错；第三，在按照省发改委 1506 号文件规定的三年过渡已到位，而省发改委 1976 号文件并未于 2009 年 11 月 20 日正式执行的情况下，国家发改委等三部门于 2010 年 5 月中旬联合下发了（2010）978 号文件，无论是从法律法规的新旧或是上下位阶讲，均应以（2010）978 号文件为准，而（2010）978 号文件规定自 2010 年 6 月 1 日起取消电价优惠，故原告依据省发改委的 1976 号文件要求被告补缴电费无任何法律依据，不予采信。综上，原告以被告违约为由要求被告补缴差额电费及滞纳电费违约金的诉讼请求，证据不足，不予支持。

二审法院判决：驳回上诉，维持原判。

供电公司不服，再次提起上诉。

【案例评析】

“电力法”第四十三条规定：“任何单位不得超越电价管理权限制定电价，供电企业不得擅自变更电价。”《销售电价管理暂行办法》第二十七条规定：“销售电价的调整，采取定期调价和联动调价两种形式。定期调价是指政府价格主管部门每年对销售电价进行校核，如果年度间成本水平变化不大，销售电价应尽量保持稳定。联动调价是指与上网电价实行联动，适用范围仅限于工商业及其他用户。政府价格主管部门核定销售电价后，实际购电价比计入销售电价中的购电价升高或下降的价差，通过购电价格平衡账户进行处理。当购电价格升高或下降达到一定的幅度时，销售电价相应提高或下降，但调整的时间间隔最少为一个月。”供电公司作为电价的执行企业，必须按照法律法规的规定，严格按照国家定价执行，不得擅自变更电价。在执行电价调整的政策时，也要严格按照规范性文件执行电价调整政策。电价是电力商品的货币表现形式，依据“电力法”规定，电价实行统一政策、统一定价原则，全国区域网、省网、独立网实行不同的电价，电价的调整政策由省级以上有行政管理权的部门制定，例如发改委。优惠电价至少由省级有行政管理权的部门制定。

本案中，供电公司在执行政府电价政策的时候存在选择性和随意性，用户肯定会不满意。依照本案涉及的三个国家级及省级文件，最终要求对高耗能企业的用电价格优惠自2010年6月1日起调整到位，也就是说2010年6月1日之前的电费，还是可以按照优惠价格进行收取的。而本案的被告磨料公司在5月16日之前已经将5月的电费缴齐，已经履行完合同，不存在违约行为。供电公司按照新的电价进行收费也需要等到6月1日以后。而供电公司却随意将政府规定的调价期限提前到5月1日，这样是完全没有法律依据的，造成了用户有异议、电费无法收取的困局。此外我们还需要注意的是，虽然供电公司和用户在供用电合同当中已经约定了如遇政府调价应如何计算电费的处理办法，供电公司也有权按照国家政策进行调价，但是依照合同变更的规则，供电公司仍然需要提前通知用户。在没有通知到位之前不得擅自划扣用户的电费，这样更有利于减少法律风险。

本案中还涉及了行业协会，供电公司补缴电费的问题涉及26家企业。在当地与本案相似的几个案件，法院都作出了相同的判决。

【风险防范建议】

电价调整后要按照相关规定，按照一定的程序来执行电价。首先，要在供用电合同中约定关于电价调整后的执行条款，比如发生电价和其他收费项目费率调整时，按照调价文件执行。其次，调价文件公布后要及时迅速做好宣贯工作，以免错过文件规定的执行期限。再次，对于相关大客户，供电企业要做好上门沟通工作，免得贻误电费收回工作，尤其是因为国家实行节能减排、调整产业结构所制定的差别电价政策的贯彻执行，阻力重重，因此调价宣贯工作更为重要。

实例2：姚某与供电公司电费收缴标准纠纷案

【案情】姚某有四个儿女（高姓），住在一处用集体土地建设的房屋里，这处房屋配有一个电表，但房屋没有产权证。后来孩子长大了，这处房屋的一楼被姚某出租，二楼由姚某的一个儿子用来做网吧，三楼由姚某的另外一个孩子居住，而姚某和其余的孩子都搬出去另住了。后来，供电公司实行阶梯电价，姚某觉得这套房子的电费收取得不合理，认为自己的老房子实际上是住了五户人家，应该增加电表的数量，同时按照一户一表来收费，每一户都享受阶梯电价中的第一档180度电量优惠额度。于是跟供电公司多次交涉，但均未有结果。于是姚某将供电公司告上法庭，要求增加电表，实行一户一表，给她房子每个月共900度（每户180度）的阶梯优惠电量，并退还多收取的电费10000元。

【焦点及相关证据】

1. 本案中姚某的诉讼请求之一是要求供电公司给她的房屋再安装4部电表，因为实际上她的房屋居住了五户人家，包括她和她的四个儿女。然后按照一户一表的缴费要求每户都应该享受阶梯电价的第一档优惠政策。那么姚某是否符合重新安装电表享受“一户一表”的条件呢？

2. 姚某的诉讼请求之二是要求供电公司退回她多缴的电费，她认为自己应该享受900度的阶梯电价的优惠，现在只享受了180度的优惠。那么姚某是否多缴了电费?

3. 相关证据：经过供电公司调查，原告姚某在某村有一处集体土地建设用地，其上建有三层的房屋，没有房屋所有权证，安装了一部电表。其中，姚某大儿子的妻子使用第二层中的一间开设网店，姚某的二儿子在该三层房屋中居住，第一层房屋出租给了一家蛋糕房使用，姚某与其他子女并未在该房屋中居住，且姚某及其四名儿女皆在其他地方有房屋，在其他地方都享受了阶梯电价第一档每月180度的电量优惠额度。姚某的大儿子与二儿子对姚某的房屋不具有房产证明，属于借住，其他两个孩子根本没有在姚某的房屋中居住，更不具有产权，因此不符合相关规定。供电公司并无过错。

【判决结果】

一审下达裁定书，认定本案不在人民法院的受案范围，驳回起诉。二审驳回上诉，维持原裁定。

【案例评析】

以下与本案相关的一些名词需要解释说明。

1. 阶梯式电价

阶梯式电价是阶梯式递增电价或阶梯式累进电价的简称，也称为阶梯电价，是指把户均用电量设置为若干个阶梯分段或分档次定价计算费用。对居民用电实行阶梯式递增电价可以提高能源效率。通过分段电量可以实现细分市场的差别定价，提高用电效率。2012年7月1日在全国范围内实施。其中第一阶梯为基数电量，覆盖70%～80%的居民家庭月均电量，此阶梯内电量较少，电价也较低。

2. 一户一表

一户一表就是由供电公司将计费电能表直接安装到每一户居民住宅，由供电公司直接对每一户居民住宅抄表计收电费。

3. 法院的裁定书

裁定是指审判机关在诉讼过程中，就诉讼程序问题或部分实体问题所作的处理决定，分书面和口头裁定两种。在中国，裁定由人民法院使用。

裁定只适用于在诉讼过程中出现的程序问题和部分实体问题。地方各级人民法院的一审裁定，在法定上诉、抗诉期限内不发生法律效力。中级、高级和最高人民法院的二审裁定以及最高人民法院的一审裁定，是终审裁定。

本案最后被法院认定为原告的诉讼请求不属于人民法院的受理范围而下裁定书结案，说明法院方面关注更多的是本案程序方面的问题，对于实体问题没有过多的纠结。法院认为本案原告的诉讼请求涉及电价、电表安装、收费等问题，这些都不是法院可以依据法律来判断的，因为电价、电表等供电公司的职权内容都有国家行政部门的专门规定，是政府机构宏观调控管理的体现。但是本案中，被告供电公司仍然很认真地对原告的诉讼请求进行了答辩。理由充分地驳斥了原告的观点。本案的焦点问题就是原告是否属于合表用电的用户？能否将线路改成五户五表？供电公司是否存在多收电费的情况。

【风险防范建议】

电力主管部门对电价、电表安装、收费的监管政策，由供电企业具体实施。国家对电力行业的监管体现了对电力资源的宏观调控的方向，包括推广“一户一表”。原告的诉求实际上是对行政管理部门的政策提出的异议，《河南省供用电条例》第十六条规定：“用电人对供电需求、供电质量、电价执行、电费收取等有异议的，有权向供电企业查询；供电企业应当自受理查询之日起五个工作日内答复。逾期不答复或者用电人对答复有异议的，用电人可以向当地电力行政管理、价格主管部门或者电力监管机构投诉，有关部门应当按照各自职责依法处理。”同时，供电公司按照国家规定的标准和程序进行电表的安装、电费的计算和收取，因此本案中供电公司的工作不存在过错。在今后的工作中，要持续加强工作人员依法办事的意识，保证程序规范，并做好相关记录。

实例3：付某诉供电公司违法停电案

【案情】付某为普通居民，他一直按照合同缴纳电费。某个炎热的夏天，在没有事先通知的情况下，供电公司的电工直接切断了付某家的线路，中断了向付某家供电并持续到冬天，付某家一直无电可用。实在忍无可忍，付某将供电公司告上了法庭，要求判决被告供电公司恢复供电，并赔偿付某因为停电而产生的损失。法庭上供电公司辩称，其中止向原告供电是基于原告的窃电及拒不补缴电费行为。原来在当年 8 月，供电公司的电工发现原告有绕越计量装置用电的窃电行为，当时供电公司通知了原告，说明了情况作出停止供电处理，并依法向原告下发通知书，要求限期补缴电费，但原告一直拒不履行。同时供电公司还向公安局提交了一份协查函。

【焦点及相关证据】

本案的焦点问题是：供电公司停电行为是否违反法律规定？供电公司提供了照片、证人的书面证言、停止供电追补电费通知书及其送达现场照片、给公安分局的协查函。

【判决结果】

法庭确认原被告双方存在供用电合同。2016 年 8 月被告供电公司以原告付某窃电为由，停止了向原告付某供电。但是被告供电公司没有向法庭提供充分的证据证明原告存在窃电行为。故供电公司的理由不能成立。判决供电公司于判决生效十日内恢复对付某的居民供电，同时驳回原告的其他诉讼请求。

【案例评析】

供电公司对付某的窃电行为举证不力，需要承担相应的后果。如何保留用户窃电的证据？本案中供电公司提供了照片、通知书、协查函等证据证明原告付某存在窃电的行为，以此证明供电公司不是无缘无故停电。但是法院都没有采纳。窃电可以简单地理解为盗窃电力资源的行为。由于电力是具有特殊属性的产品，因此对电力的盗窃行为“电力法”有专门的规定。《电力供应与使用条例》第三十一条规定，禁止窃电行为。窃电行为包括：①在供电企业的供电设施上，擅自接线用电；②绕越供电企业的用电计量装置用电；③伪造或者开启法定的或者授权的计量检定机构加封的用电计量装置封印用电；④故意损坏供电企业用电计量装置；⑤故意使供电企业的用电计量装置计量不准或者失效；⑥采用其他方法窃电。

当供电公司的查电人员发现居民用户窃电时，应当收集以下证据（包括但不限于)：①拍照；②损害的用电计量装置的提取；③伪造或者开启加封的用电计量装置封印收集；④使计量装置不准或者失效的窃电装置、收缴的窃电工具；⑤在用电计量装置上遗留的窃电痕迹的提取及保全；⑥制作用电检查的现场勘验笔录；⑦经当事人签名的询问笔录；⑧当事人、知情人、举报人的书面陈述材料的收集；⑨违约用电窃电通知书。在本案中，供电公司提供的窃电照片上没有标明拍摄时间，只有绕越计电装置线路的照片却没有相对应的现场笔录，无法证明这些线路是原告所为，出具的派出所证明也不符合证明的形式要件，因而减弱了证明效力。此外。供电公司在发现原告有窃电行为之后没有相应的窃电通知书，也缺乏原告的签字认可。从证据看，供电公司没有充足的证据证明是按照法定程序进行停电的。

【风险防范建议】

1. 窃电取证的注意事项

查电人员查窃电时应及时做好各项记录，收集证据应当认真、细致、真实、客观，避免破坏或者遗漏实物证据的正面价值，发现的物证必须及时妥善地提取和固定，提取封存；保管、运输、使用物证必须注意保持物证的原始状态；收集的证据必须尽可能全面具体；供电公司应该用通知的方式本着自愿的原则通知确定人到供电公司查清问题。

2. 给窃电者停电应注意的问题

一般情形下切记当场给窃电者停电，原因如下：第一，可能破坏窃电现场，致使窃电证据消失；第二，当场停电有未履行停电通知或者通知程序不符合国家规定之缺陷；第三，特别是对于大用户，更不适于当场停电，匆忙操作容易导致人身设备安全事故，因此必须按照规定来操作，以避免因停电造成的安全事故；第四，停电往往造成供用电双方矛盾激化，反而不利于窃电纠纷的处理；第五，易造成供电方供电量的损失，影响经济效益。

模块四　人身触电事故与电力法规

【学习目标】

知识目标：掌握人身触电侵权、高压侵权和低压侵权的相关理论。

能力目标：正确区分触电侵权的类型，继而使用相应的归责原则解决实际触电侵权案件。

第一部分　案例与分析

某日，10岁的虎林镇第一小学学生曲晓晨与同学李欣从原电池厂进入某市万向节公司后院的草地处捉蜻蜓玩，当来到一缺少防护栏的变压器旁时，被电流击伤昏倒在地，当即被送往某市人民医院抢救，支付医疗费573.48元。当晚又送往另一医院治疗，共住院70天，诊断为左上肢、左侧躯干部电烧伤21%，其中Ⅲ度16%，深Ⅱ度5%，共支付医疗费19055.31元，交通费1533元，购买辅助治疗物品152元。事故发生后，某市万向节公司给付曲晓晨1万元。现曲晓晨起诉要求被告某市万向节公司、某市供电公司共同赔偿其损失。

法院判决认为：由被告万向节公司承担赔偿责任并无不当。被告万向节公司的变压器在最初安装时临电池厂围墙而建，后电池厂因停产而将围墙拆除，致使变压器一面缺少防护栏。作为产权人的万向节公司未及时采取补救措施修补防护栏，是导致损害发生的主要原因，应该承担主要责任。本案原告年满10周岁，是限制行为能力人，其在无人监护的情况下造成了损害，其监护人因监护不力应该适当承担责任。

第二部分　模块学习与引导

保护公民的合法权益是侵权法的核心价值观。电力行业常见的侵权纠纷表现为两种，一种是由于触电引起的人身伤亡；另一种是由于供电、电力设施使用不当或者其他原因导致的财产的损失。财产的侵权损害赔偿通常归于供用电合同纠纷或者不可抗力的免责，触电人身损害纠纷的解决则需要借助侵权法的相关法律制度。

4.1　侵权责任

4.1.1　侵权责任的概念

侵权责任是侵权行为产生的法律后果，即由民法规定的侵权行为人对其不法行为造成他人财产或者人身权利损害所应该承担的法律责任。

侵权责任构成要件：违法行为、损害后果、因果联系和主观过错。

4.1.2　侵权责任的归责原则

1. 过错责任原则

一般的侵权案件适用于过错责任原则，它是以行为人主观上的过错为承担责任的基本条件认定责任的准则。按照过错责任，行为人仅在有过错的情况下，才承担民事责任。过错责任有一个特殊责任形式——过错推定原则，该原则要求侵害人必须证明自己没有过错，而不用受害人证明加害人有过错，如果加害人不能证明自己没有过错，则推定其有过错。凡是在适用过错推定原则的场合，行为人如果要免除责任就必须证明自己无过错。在高压触电案件当中，如果供电公司能够证明自己在线路管理方面没有过错，就可以减轻责任；在低压触电事故中，如果供电公司证明自己不存在对线路管理的过错，则可以免责。

2. 无过错责任原则

无过错责任原则，是指当事人实施了加害行为，虽然其主观上无过错，但根据法律规定仍应承担责任的归责原则。执行这一原则，主要不是依据责任人的过错，而是基于损害的客观事实，根据行为人的活动及所管理的人或物的危险性质与所造成损害后果的因果关系，由法律规定的特别加重责任。该原则是指即使加害人没有过错，只要具备侵权责任构成要件中的违法行为、损害后果、因果联系，加害人也要承担责任。高压触电事故中的侵权责任就适用此原则。

3. 公平责任原则

该原则是在不能根据法律适用无过错责任又不能适用过错责任原则，但受害人遭受的重大损害得不到赔偿而显失公平的情况下，法院根据双方当事人的实际情况，按照公平合理负担的原则判定，由双方分担损失的一种确定民事责任的准则。在实际的纠纷处理中公平责任原则是使用比较少的一种归责原则。

4.1.3　侵权行为民事责任种类

侵权行为民事责任依据其构成要件分为一般侵权行为民事责任和特殊侵权行为民事责任两种。

一般侵权行为民事责任，即因一般侵权行为造成损害所必须承担的民事责任。它是指行为人由于自己的过错不法侵害他人财产或者人身权利造成损害并由本人承担的法律责任。

特殊侵权行为民事责任，即因特殊侵权行为造成损害所必须承担的赔偿责任。特殊侵权责任不适用民法关于民事责任构成的一般规则，其责任构成无须具备侵权责任的全部要件；在归责原则上，通常适用无过错责任原则；其责任也不限于由行为人本人承担。《中华人民共和国侵权责任法》（以下简称“侵权责任法”）第六十九条规定：“从事高度危险作业造成他人损害的，应当承担侵权责任。”高度危险作业，主要是指高空、高压、易燃、易爆、剧毒、放射性、高速运输工具等对周围环境有高度危险的作业。高压电对周围的环境以及人身安全有高度的危险性，符合高度危险作业的特征。根据《中华人民共和国民法通则》（以下简称“民法通则”）的规定，高度危险作业造成的损害应该适用特殊侵权责任。

4.1.4 侵权责任的减轻与免除

根据我国“侵权责任法”规定，加害人不承担责任或者减轻责任的情形主要有以下几种：

1. 被侵害人或者第三人存在过错

被侵害人过错，是指被侵害人对于损害的发生有过错。包括两种情况，一种是被侵害人有过错而侵害人无过错，此时一般应免除侵害人的责任，此处的过错主要是指受害人的故意；另一种是被侵害人对于损害的发生有过错侵害人也有过错，此种情况实际为混合过错。确定混合过错的责任范围时，双方所承担责任的大小应以各自的过错程度来确定。在这里，侵害人只承担由于自己过错所应承担的责任。此时可以认为是减轻了侵害人的责任。

第三人过错是指损害是因第三人造成的，根据侵权责任法规定，第三人应当承担侵权责任。“电力法”中也有相同的规定。

2. 不可抗力

不可抗力，是指不能预见、不能避免，并不能克服的客观情况。这些客观情况主要是指自然现象，如地震、洪水、台风、海啸等。某些社会现象，如战争、暴乱、罢工等具有不可抗力的性质，但不属于不可抗力的范围。依据“侵权责任法”第二十九条规定：“因不可抗力造成他人损害的，不承担责任。法律另有规定的，依照其规定。”不可抗力适用于过错责任和无过错责任。

3. 正当防卫和紧急避险

正当防卫，是指为了保护自身、他人的合法民事权益遭受不法侵害，对正在进行非法侵害的人采取的一种防卫措施。依据“侵权责任法”第三十条规定：“因正当防卫造成损害的，不承担责任。正当防卫超过必要的限度，造成不应有的损害的，正当防卫人应当承担适当的责任。”紧急避险，是指为使本人或者他人的人身、财产和其他权利免受正在发生的危险，不得已采取的避险行为。因紧急避险造成损害的，避险人不承担责任或者减轻责任。依据“侵权责任法”第三十一条规定：“因紧急避险造成损害的，由引起险情发生的人承担责任。如果危险是由自然原因引起的，紧急避险人不承担责任或者给予适当补偿。紧急避险采取措施不当或者超过必要的限度，造成不应有的损害的，紧急避险人应当承担适当的责任。”

4.2　高压触电事故的侵权责任

通过分析大量的案例我们发现，人身触电事故是电力企业涉及纠纷中数量较多的案件类型。掌握一些常见人身触电事故法律纠纷的处理方法，对电力企业非常重要。

4.2.1　基础知识

1. 高电压的法律界定

根据相关法律规定和司法实践，通常认为，电气设备分为高压和低压两种：电压等级在 1000 伏及以上的，为高压电气设备；电压等级在 1000 伏以下的，为低压电气设备。

2. 高压触电侵权的赔偿主体

（1）高压电力作业人和电力经营者、管理人

根据我国“民法通则”第一百二十三条的规定：“从事高空、高压、易燃、易爆、剧毒、放射性、高速运输工具等对周围环境有高度危险的作业造成他人损害的，应当承担民事责任；如果能够证明损害是由受害人故意造成的，不承担民事责任。”从这条规定我们知道高压电力作业人为高压触电侵权的赔偿主体。“侵权责任法”第七十三条规定：“从事高空、高压、地下挖掘活动或者使用高速轨道运输工具造成他人损害的，经营者应当承担侵权责任，但能够证明损害是因受害人故意或者不可抗力造成的，不承担责任。被侵权人对损害的发

供电部门发布典型案例　去年扬州发生 6 起钓鱼触电事故

生有过失的，可以减轻经营者的责任。”“侵权责任法”在此提出了经营者的概念，在这里经营者不仅仅包括实际经营者，还应该包括产权人，从而扩大了主体的适用范围。第七十六条还规定：“未经许可进入高度危险活动区域或者高度危险物存放区域受到损害，管理人已经采取安全措施并尽到警示义务的，可以减轻或者不承担责任。”这里又增加了管理人作为主体，这对电力企业不管是有偿代管还是无偿代管电力设施都带来了不小的挑战。

（2）电力设施产权人

《供电营业规则》第五十一条规定：“在供电设施上发生事故引起的法律责任，按供电设施产权归属确定。产权归属于谁，谁就承担其拥有的供电设施上发生事故引起的法律责任。”电力设施的产权往往属于国家，国家委托当地的电力企业经营管理，所以，出现高压侵权事故，电力企业往往成为赔偿主体。但是，在目前国家号召多元化投资政策的背景下，各行各业，尤其是大型生产企业自己建设电力设施，呈现出电力设施产权多元化的趋势，此时，真正的产权人则成为赔偿主体。

（3）其他主体

①设计单位和施工单位。电力设计单位如果设计不符合标准和技术规定，电力建设单位施工不符合标准和技术规定，并且损害后果的发生与其有因果关系的，无论高电压触电事故侵权还是低电压触电事故侵权，两者都可以作为责任主体。②电力客户。正如前文所述，电力设施产权人也可以成为责任赔偿主体。如果高压专线客户的自由电力设施造成高压触电侵权，客户作为产权人自然而然地成为赔偿义务人。③批准违章建设的相关政府部门。土地和建设规划部门违章批准在电力设施保护区建设房屋，之后由于该房屋与电力线安全距离不够引发人身触电事故，该政府部门也可成为责任主体。④第三人。“电力法”第六十条规定，因第三人过错给电力企业或者其他用户造成损害的，第三人应当依法承担赔偿责任。

3. 高压触电纠纷的归责原则为无过错责任原则

适用无过错责任原则的要件有以下四条：①有高度危险作业造成的损害。高压作业的行为包括电力系统中电压等级在1000伏以上且包括1000

伏的发电、输电、供电、配电行为。②损害事实必须是高度危险作业造成的，而不是其他行为造成的。③损害事实和加害行为之间存在因果关系。客观损害事实是任何侵权行为致人损害赔偿的前提条件，如果缺乏损害事实，就不会发生损害赔偿责任。损害事实必须是已经形成的事实，如果仅仅是可以预见但未形成的事实，也不会发生损害赔偿责任。如在电力线路架设时，没有设置安全警示标志，这仅仅是安全事故隐患，在高压作业过程中未造成损害，那么就不发生损害赔偿责任。高压作业行为与损害事实之间的因果关系是构成高压电致人损害这种特殊侵权的必要条件。如不是高压电导致人身损害，而是高压线下高空坠落导致人身损害，就不属于高压作业特殊侵权。④必须基于法律的特殊规定。

4. 高压触电侵权责任减轻及免除、举证责任和赔偿

（1）责任减轻及免除的情形

有下列情形之一的，电力设施所有人或者管理人不承担责任：不可抗力；受害人触电自杀、自伤；受害人盗窃电能或者盗窃、破坏电力设施以及因其他犯罪行为而引起的触电事故；受害人在电力设施保护区内从事法律禁止的行为。

（2）举证责任

根据《中华人民共和国民事诉讼法》规定，一般侵权举证遵循“谁主张，谁举证”的原则。即无论原告、被告、共同诉讼人、诉讼代表人，还是有独立请求权的第三人，都有责任对自己的主张提供证据加以证明。

举证责任倒置是按照一般举证责任负担原则，将提出主张的一方当事人应负担的举证责任，因法律规定转嫁给另一方当事人承担的情况。在特殊侵权案件中，原告提出主张，被告否认的，由被告举证。

“民法通则”第一百二十三条规定：“从事高空、高压、易燃、易爆、剧毒、放射性、高速运输工具等对周围环境有高度危险的作业造成他人损害的，应当承担民事责任；如果能够证明损害是由受害人故意造成的，不承担民事责任。”可见，只有高压作业人证明受害人的损害是故意造成的，才对其适用举证责任倒置原则，并非整个案件适用这个原则。也就是说，当原告主张在受到高压侵害时本身没有故意，由被告来举证受害人存在主

观故意。

①原告举证责任。在高压触电人身伤害案中，受害人应该证明因高压作业受到损害的事实、加害人从事高压作业行为的事实，并应当就受到损害的事实和加害人所从事的高压作业之间的因果关系承担举证责任，同时还要证明自己主观上对受损没有过错。

②被告的举证责任免责抗辩的举证。第一，加害人证明本身不是肇事高电压设备的作业人、产权人、使用人和管理人；第二，证明受害人的损伤是由于受害人故意造成的；第三，损害由不可抗力造成。可以减轻责任的举证。第一，加害人提出反证能够使对方的证据处于真伪无法判断、证据不实或者违法状态时，也可以起到免除或者减轻侵权责任的效果；第二，第三人过错；第三，监护人监护不尽职。

案件审理中，法院应当向当事人行使解释权、说明举证的要求及法律后果，促使当事人在合理期限内积极、全面、正确、诚实地完成举证，否则，负有举证责任当事人将承担不利后果。

（3）高压触电侵权损害赔偿

高压触电侵权损害赔偿一般可分为物质损害赔偿和精神损害赔偿。

4.2.2 放风筝、钓鱼造成的高压触电事故

在高压线附近放风筝或者钓鱼是非常危险的事情。《电力设施保护条例》第十四条第三款规定，任何单位或个人，不得在架空电力线路导线两侧各300米的区域内放风筝。高压线等电力设备与导电物体和人距离太近时会产生放电现象，制作风筝的材质有些是导电材料，如果空气潮湿，风筝线也会导电，一旦与高压电线接触或距离高压线很近，高压线通过风筝和风筝线将高电压传到人身上，会对人身造成危险。若挂在电线上的风筝线、塑料布被风吹起后，缠上相邻的高压线，造成电线短路，进而发生线路跳闸导致停电，不仅损坏输电设备，还会影响社会及居民正常用电。

相比之下，在高压线路附近钓鱼造成人身触电身亡的案件数量更多。现在的普通钓鱼竿一般是可以导电的，如果在钓鱼过程中有甩竿的行为，或者没有将鱼竿及时收起，就有可能使鱼竿碰触到鱼塘附近的高压线从而

造成触电。此外，在钓鱼的时候一定要先观察鱼塘周围的环境，看看附近是否有高压线路通过。每年全国各地都有在高压线路附近钓鱼而造成人身伤亡的案例。《电力设施保护条例》和《电力设施保护条例实施细则》里没有明确规定高压线附近钓鱼行为是禁止的。因此在司法实践中对在高压线附近钓鱼行为的认定没有明确的法律依据。

在实际的案件中，一旦发生放风筝或者钓鱼触电人身伤亡的事故，供电公司基本上都是被告。此类事件多属于高压触电事故，因此一般适用无过错责任原则，供电公司可以举证证明受害人有过错，例如行为人是完全民事行为能力人，看见了供电公司设置的警示标志仍然钓鱼，应当为自己的行为负责；供电公司经常使用电力线路保护区的概念，说明此范围内不允许有危害电力线路的行为等。法院通常会考虑在高压线上是否有供电公司设置的警示标志、高压线的对地高度是否符合法律规定等。但总体上来说各地此类案件的判决结果原被告各有输赢，有的还存在较大差异需要结合案件具体情况而定。

4.2.3　建筑施工造成的高压触电事故

建筑施工造成的高压触电多见于农村建房。出现这样事故的原因主要是由于农村建房的施工方多是没有资质的临时工，缺乏安全意识和相应的安全培训，包工方也监管不力，在临近高压线附近违规操作。此类事故中受损一方往往会找供电公司要求赔偿，理由大多是供电公司没有在高压线路相应区域设置警示标志，而供电公司也常常由于工作疏忽、没有及时发现违章建房的情况、通知停建的程序不合法、通知停建的结果没有落实等，最后被判决“管理不善”而被要求承担赔偿责任。尤其是设置警示标志的位置成为此类案件广泛存在的问题。按照《电力设施保护条例》第十一条规定，县以上地方各级电力管理部门应采取以下措施，保护电力设施：①在必要的架空电力线路保护区的区界上，应设立标志，并标明保护区的宽度和保护规定；②在架空电力线路导线跨越重要公路和航道的区段，应设立标志，并标明导线距穿越物体之间的安全距离；③地下电缆铺设后，应设立永久性标志，并将地下电缆所在位置书面通知有关部门；

④水底电缆敷设后，应设立永久性标志，并将水底电缆所在位置书面通知有关部门。《电力设施保护条例实施细则》第九条规定，电力管理部门应在下列地点设置安全标志：①架空电力线路穿越的人口密集地段；②架空电力线路穿越的人员活动频繁的地区；③车辆、机械频繁穿越架空电力线路的地段；④电力线路上的变压器平台。但是由于线路较长，就算按照规定安装了警示标志，也难免有遗漏的地方，所以这也很容易成为受害者要求供电公司承担责任的理由。

4.2.4 变压器台区高压触电事故

变压器台区往往因为设计安装不规范、管理不善，或者产权不明、无人管理等原因造成人身损害事故的发生。尤其需要注意的是未成年人攀爬变压器造成人身伤亡的事故。这类事故中，法院往往要考虑未成年人父母的监护责任是否到位，这样的情形下可以减轻供电公司的责任。处理这类事故时供电公司可以使用的抗辩理由包括变压器的产权不属于供电公司、监护人监管不到位等。

4.2.5 线杆漏电造成的高压触电事故

线杆漏电造成的高压触电事故也占有一定的比例。此类事故主要是由于线路所有人对线路管理不善，造成线路老化而漏电，受害人往往是意外触电。此类案件需要首先确定线杆的产权人或管理人，根据谁的产权谁负责的原则，由产权人或者管理人承担相应的责任。

4.3 低压触电事故的侵权责任

4.3.1 基础知识

低压触电事故属于一般侵权，与高压触电最大的不同是，适用过错责任原则，电力作业人承担责任的要件之一是有主观过错，否则不承担责任。

1. 低电压的法律界定

根据我国采用的电压体制，习惯称 220 ~ 380 伏是低电压。《电力安全工作规程（发电厂和变电站电气部分）》将低压规定为用于配电的交流电系统中1000伏以下的电压等级。在实践的案件审理过程中，也适用1000伏以下为低压触电。

低压触电事故　一桩电力人身损害赔偿案例浅析

2. 低压触电事故的归责原则是过错责任原则

低压触电事故原则上采取过错责任原则，例外的采取无过错责任原则。低压触电事故属于一般侵权行为，按照过错责任原则承担民事赔偿义务。在低压触电案件中，按照过错的程度和各方造成受害人损害事实的程度，划分电力作业人、受害人和第三人应该承担责任的大小。

3. 低压触电法律适用

低压触电案件在处理时首先要确定产权分界点。各类低压设施的产权分界点都应该在合同中约定清楚。“民法通则”“侵权责任法”“电力法”《中华人民共和国电力供应与使用条例》《电力设施保护条例》等相关法律法规都是此类案件适用的法律法规。

4. 低压触电侵权的举证责任

低压触电损害属于一般侵权行为，适用一般举证原则，即谁主张，谁举证。如果没有证据或者证据不足以证明自己主张的，将会承担举证不能的法律后果。

（1）受害方举证责任

①责任主体与作业行为：被告是肇事电力设施的产权人、作业人、管理人或者使用人之一，或者既是产权人又是使用人、管理人或者作业人；肇事电力设施正在运行或者处于热备用状态。

②触电伤亡事实：现场拍照、录像、证人证言、勘查笔录、医院诊断结论、鉴定证书等。

③触电人身损害事实与电力作业的因果关系：证明损害是由于电力作业引起的，或者说电力作业是导致损害的原因。

④侵害主体的主观过错：电力设施的缺陷，主要是设计、施工、设备等不符合标准或者规程规定，如线路对地距离不足、接户线、进户线材料

不合格、安装质量不合格、变台高度不够，没有防爬措施等；疏于管理的过错，如应该设立安全警示标志的电杆或者变台没有警示标志的，落地变压器围墙、围栏损毁失修，丢失门锁无人问津等。

⑤与赔偿项目相关证据：医疗费用；与误工、伙食费和营养费、护理费、住宿费有关的天数；与残疾人生活补助费、残疾用具费，死亡补偿费，被扶养人生活费有关的年龄和被扶养人的年龄及子女数；交通费等。

（2）加害方举证责任

①反驳受害方证据的举证，对抗、削减或湮灭对方的证据，使之证明为假证或者证明力不足。

②证明己方非产权人、作业人、使用人、管理人。

③证明己方的肇事电力设施符合规程和标准。

④证明在电力设施管理方面没有过错并恪尽职守。

⑤证明受害人在受害过程中的自身过错。

4.3.2 家用电器漏电造成的低压触电事故

家用电器如果使用不当或者老化会导致电器漏电，造成人身伤亡的事故。此类案件中经常会涉及剩余电流动作保护器是否起到保护作用的问题。低压电用户认为剩余电流动作保护器是由供电公司安装的，所有权应该属于供电公司，如果出现事故，保护器没有起作用，那么也应该是供电公司没有安装好，出了事故理应由供电公司负责。这种认知是由于很多人都不了解剩余电流动作保护器的功能和产权归属。

在低压电网中安装剩余电流动作保护器是防止人身触电、电气火灾及电气设备损坏的一种有效的防护措施。剩余电流动作保护器分为总保护、中级保护和末级保护。总保护和中级保护的范围是及时切除低压电网的主干线和分支线路上断线接地等产生较大接地电流的故障，不是保护网络末端客户人身触电安全的。末级保护用于用户受电端，其保护的范围是防止用户内部绝缘破坏、发生人身间接接触触电等剩余电流造成的事故，对直接接触触电，仅作为基本保护措施的附加保护措施。根据《农村安全用电规程》的相关规定，剩余电流动作保护器由客户安装，产权归客户所有。

现实中，大部分用户的保护器安装在客户电表的出线端，也应该属于客户所有。供电公司可以帮助用户安装保护器，但是需要在供用电合同中标明产权归属。

低压电用户有义务正确安装合格的保护器，同时保证保护器正常工作，而不能因为保护器是供电公司安装的就简单地认为保护器为供电公司所有，要求供电公司承担家用电器漏电造成的人身损害责任。

4.3.3　私拉乱接电线造成的低压触电事故

低压电用户私拉乱接电线是城乡接合部和农村地区引发人身触电事故的重要原因之一。低压电用户私拉乱接电线的原因很复杂，但是这些私拉乱接的电线往往存在电线质量低劣、拉线高度不合规、没有设置任何警示标志等安全隐患。加之对此类行为的监管也比较困难，因此很容易造成人身伤害事故。

人身触电事故的现状、特点、产生的原因

处理此类案件，首先要明确产权分界点。一般通过供用电合同约定产权分界点，谁有产权，谁管理，谁负责。一般不需要考虑电力设施保护范围的问题。其次，低压触电事故适用的是过错责任原则。谁有过错谁就要承担责任。用户私拉乱接电线的行为本身就违法，其后果应该自己承担。但是农网改造之后，供电公司所承担责任的范围扩大，需要承担用电设施的检查和验收工作，因此很多法院以此为依据认为供电公司不经检查就给私拉乱接的用户送电，存在过错，应当承担相应的责任。这种情况需具体分析。

【模块小结】

触电事故一经发生往往会侵害受害者的人身和财产权益，这也是实践中供电公司经常涉及的而且也比较棘手的案件类型。因此要了解《侵权法》的相关司法精神，了解侵权行为所侵害的社会关系，同时也要理解并且掌握供电公司在此类案件中如何保护自身合法权益的方法。

第三部分　知识巩固

一、不定项选择题

1. 根据我国《侵权责任法》规定，侵权责任的归责原则有哪些？（　　）

A. 过错责任　　B. 无过错责任

C. 过错推定责任　　D. 公平责任

2. 以下哪些是加害人免除或减轻侵权责任的情形？（　　）

A. 第三人过错　　B. 不可抗力

C. 紧急避险　　D. 正当防卫

3. 以下哪些可以成为高压侵权的责任主体？（　　）

A. 电力设施产权人　　B. 电力设施经营者

C. 电力设施施工设计单位　　D. 电力客户

4. 以下哪些选项可以作为高压侵权主体的免责举证事由？（　　）

A. 本人不是产权人　　B. 侵权是受害人故意造成

C. 侵权是不可抗力造成　　D. 侵权是由第三人造成

二、简答题

1. 侵权责任的归责原则。

2. 高压触电赔偿责任主体。

3. 高压触电侵权赔偿内容。

4. 高压触电举证责任。

三、案例分析题

乔某，女，2002 年 9 月 21 日出生，石家庄市某村人。1999 年村委会在调整土地过程中预留了一部分土地，分配给村民作为养殖用地使用，乔某的父亲也因此分得一块土地，该地中间横穿一条 10 千伏高压线，线路属于县供电局所有，周围没有任何警示标志。2008 年乔某的父亲在该地上建了两排房子，中间用彩钢瓦搭建。高压线距离房顶不足 1 米，供电局从来没有维护和管理过。2009 年 8 月 20 日，乔某上房穿越彩钢瓦时被高压电击伤，送往河北某医院诊治，医院诊断为：高压电击伤；8% Ⅱ、Ⅲ面颈、双足电弧烧伤；右足第二、三、四、五趾缺失，第一趾外翻畸形；左足第四趾缺失，第三趾外翻畸形；面颈、双足瘢痕增生。在乔某住院过程中，村委会与乔某的父亲于2009年9月28日签订协议，村委会同意一次性支付乔某补偿费25000元，并在公证处进行了公证。2009年11月17日乔某出院，光是住院费就花掉了3万多元，以后要做修复手术和整容手术也是一笔不小的开支。对该次事故应负主要责任的县供电局没有支付任何赔偿，乔某的家属多次到供电局讨说法，供电局拒不承担责任。其家属到省妇女儿童法律援助中心请求帮助。

试用侵权相关理论分析该案例。

第四部分　实例应用

实例1：安某触电受伤诉学校侵权案

【案情】事故发生时安某13岁，系某寄宿制学校的学生。由于学生年龄比较小，学校平时会安排专门的老师在晚上检查宿舍，保证学生不随便出入宿舍，保障学生的安全。11月16日晚上11时左右，安某和其他七名学生相约在老师检查完、宿舍熄灯后偷偷溜出宿舍楼，去学校外面上网。因为这个时间学校的大门不让学生随便进出，所以这八名学生就干脆选择翻墙离开学校。他们发现学校的9号宿舍楼后面有一个变压器，这个变压器挨着学校的院墙，正好可以轻松翻越围墙。于是八个人一个接一个地爬上变压器翻墙。但他们没有注意到，翻墙的地点上方有几根高压电线。结果，在轮到安某翻越的时候，安某不小心碰到了高压线，被高压电击伤，导致其右手、右腕及右臀部被高压电烧伤。事发之后，安某的父母带其去北京等地大医院治疗，花费医疗费28万元，安某所在的学校也承担了一部分医疗费。事故发生后，安某的父母把学校和供电公司告上法庭，要求双方赔偿安某的损失。安某的父母认为，学校对安某疏于管理，未尽到管理职责；供电公司是高压电线的经营者，并且该高压线在案发地点没有安装警示标志，两被告的过错导致原告损害发生，因此二被告应该对原告的损失承担连带赔偿责任。经法院查明，涉案的10千伏高压线的产权属于学校，而且学校对供电设施负责维修和管理。

【焦点与相关证据】

1. 被告学校辩称，安某晚上12时多与其他七名学生趁老师休息时间从寝室溜走，私自带领同学翻墙外出上网而触电受伤，自身存在重大过错。而学校已经进行了熄灯前的检查，本身无过错。

2. 被告供电公司提供与被告学校的一份高压供电合同，合同中划分了涉案线路的产权，证明涉案线路的产权属于被告学校，而且学校还负有对该线路的日常管理和维护责任。

本案的焦点为：被告市供电公司是否应该在本案中承担相应的责任。

【判决结果】

法院认为，本案系因触碰高压电致人损伤所引起的触电人身损害纠纷。根据《中华人民共和国侵权责任法》第七十三条的规定："从事高空、高压、地下挖掘活动或者使用高速轨道运输工具造成他人损害的，经营者应当承担侵权责任，但能够证明损害是因受害人故意或者不可抗力造成的，不承担责任。被侵权人对损害的发生有过失的，可以减轻经营者的责任。"因此，从事高压等高度危险作业造成他人损害的，经营者承担无过错责任。原告为外出上网翻越围墙而触碰高压线，其主观上显然出于过失而非故意，故被告学校作为涉事高压线的产权所有人，即经营者，应当承担侵权责任。同时，被告学校作为教育机构，对于学生负有教育、管理的职责。作为寄宿制管理的学校，该校宿舍楼在值班老师查寝之后学生可自由出入，对原告等人的行为未及时发现并制止，导致原告在翻越围墙时触电受伤，被告学校显然存在管理疏漏，应承担赔偿责任。原告安某作为已满13周岁的限制民事行为能力人，在本应就寝时间擅自离开宿舍，在明知上方有高压电的情况下仍从变压器围墙处翻越围墙外出上网，结果导致触电事故发生，自身存在重大过错，可减轻被告学校的责任。综合双方的过错程度，法院判决被告学校承担60%的责任，原告安某承担40%的责任。

因市供电公司既非该高压电线的经营者，也不承担管理维护义务，故其不承担赔偿责任。

【案件评析】

本案是一起触碰高压电致人损害的案件。

1. 高压触电事故的相关法律规范

《最高人民法院关于审理触电人身损害赔偿案件若干问题的解释》第一条规定："民法通则第一百二十三条所规定的'高压'包括 1 千伏（kV）及其以上电压等级的高压电；1 千伏（kV）以下电压等级为非高压电。"《民法通则》第一百二十三条规定："从事高空、高压、易燃易爆、剧毒、放射性、高速运输工具等对周围环境有高度危险的作业造成他人损害的，应当承担民事责任；如果能够证明损害是由受害人故意造成的，不承担民事责任。"第一百三十一条规定："受害人对于损害的发生也有过错的，可以减轻侵害人的民事责任。"《侵权责任法》第六十九条规定："从事高度危险作业造成他人损害的，应当承担侵权责任。"第七十六条规定："未经许可进入高度危险活动区域或者高度危险物存放区域受到损害，管理人已经采取安全措施并尽到警示义务的，可以减轻或者不承担责任。""电力法"第六十条规定，因电力运行事故给用户或者第三人造成损害的，电力企业应当依法承担赔偿责任。电力运行事故由下列原因之一造成的，电力企业不承担赔偿责任：①不可抗力；②用户自身的过错。因用户或者第三人的过错给电力企业或者其他用户造成损害的，该用户或者第三人应当依法承担赔偿责任。《最高人民法院关于审理触电人身损害赔偿案件若干问题的解释》第二条规定："因高压电造成人身损害的案件，由电力设施产权人依照民法通则第一百二十三条的规定承担民事责任。但对因高压电引起的人身损害是由多个原因造成的，按照致害人的行为与损害结果之间的原因力确定各自的责任。致害人的行为是损害后果发生的主要原因，应当承担主要责任；致害人的行为是损害后果发生的非主要原因，则承担相应的责任。"第三条规定，因高压电造成他人人身损害有下列情形之一的，电力设施产权人不承担民事责任：①不可抗力；②受害人以触电方式自杀、自伤；③受害人盗窃电能，盗窃、破坏电力设施，或者因其他犯罪行为而引起触电事故；④受害人在电力设施保护区从事法律、行政法规所禁止的行为。

高压触电事故适用无过错责任原则。即高电压作业人无论是否尽到警示告知、谨慎注意义务，只要发生触电伤害事件都要承担责任。当然无过错责任也不是绝对责任，行为人也有权依照法律规定提出抗辩，但没有过错不是抗辩的理由。高度危险作业致人损害的侵权诉讼，由加害人就受害人故意造成损害的事实承担举证责任。

2. 在实际的高压触电事故案件中，通常需要首先判断电力设施的产权归属

《供电营业规则》第五十一条规定："在供电设施上发生事故引起的法律责任，按供电设施产权归属确定，产权归属于谁，谁就承担其拥有的供电设施上发生事故引起的法律责任。"《供电营业规则》第四十七条对电力设施的产权分界点进行了明确的规定，并规定供电设施的运行维护管理范围按产权归属确定。产权归责的适用使得产权分界点对审理人身触电案件意义重大。人身触电伤害事故的受害人，一提起电力设施，首先想到电力企业，如果电力企业不是作业人，不是他人电力设施的代管人，也不是电力设施产权人，电力企业就不承担赔偿责任。

3. 学校承担主要责任

①对学生的管理措施不力。本案的法庭调查显示，学校虽然安排有专门的老师对晚间宿舍熄灯情况进行检查，但是该检查却没有完全到位，检查后学生仍然可以随意出入，这就为事故的发生埋下了巨大的安全隐患。②电力设施的产权以及维护管理人都是学校。按照相关电力法律法规的规定，产权归属于谁，谁就承担责任。

4. 受害人承担相应的责任

作为一个限制民事行为能力人，应该很清楚学校的校规校纪，明知学校不允许熄灯后出校，但仍然违反学校的规定，存在故意违规行为，同时又打算采用翻越围墙的方式溜出学校，该行为本身也具有很高的危险性。受害人应该可以预见半夜离开学校的危险性。因此存在重大过错。

【风险防范建议】

高压电人身触电事故是常见的电力纠纷类型。我国的高压电网分布广

泛，管理上难度很大，加之很多受害人安全意识淡薄、安全知识匮乏，使得此类案件多发。建议电力企业要重视对此类案件的研究，采取多种措施减少此类案件的发生。首先对内加强管理，严格考核，重视培训，贯彻执行电业安全工作流程，加强员工的法律知识培训，使其能够用法律武器来防范法律风险。其次，对外要加强安全用电的宣传，通过多种方式让社会公众看到不安全用电的严重后果，防患于未然，尤其加强对农村居民、未成年人的宣传。本案中尽管涉案的电力设施不是供电公司的，供电公司没有责任，但是大量的案件是因为属于供电公司产权的电力设备在管理上存在瑕疵造成安全事故，因此还要杜绝不符合标准的电力设施、电力设施建设，对电力设施加强巡视，尽早发现安全隐患，设置符合法律规定的警示标志和保护范围标志，把在法律层面上可能会让供电企业担责的因素尽量减少，降低法律风险，同时也减少触电事故，保障人民生命和财产的安全。

实例 2：陈某诉供电公司未尽监管责任案

【案情】赵某甲、赵某乙是经营出售马桶、太阳能设备的个体工商户，因顾客李某购买其产品，需要上门安装马桶、维修太阳能。2015 年 7 月某日，赵某甲、赵某乙在李某家完成工作后，二人从房顶经过李某的邻居舒某家房屋时，因将梯子举得过高，触碰到高压线，二人触电死亡。二人死亡之后，家属因赔偿问题与李某、舒某协商，未达成协议。事故发生地的镇政府从人道主义出发，给死者家属 4 万元抚慰金。之后死者家属觉得这样解决问题有失公允，就将李某、舒某、供电公司、镇政府告上法庭，要求依法赔偿。原告认为，该高压线为被告供电公司所有；被告舒某的房屋为违章建筑；被告供电公司、镇政府没有尽到监督管理职责，最终导致赵某甲和赵某乙被高压线电死，应该承担侵权的赔偿责任。

【焦点及相关证据】

本案为高压触电人身损害案件。

1. 被告李某辩称，二名死者的确是他找来装马桶的，但二名死者的死亡原因是高压线触电身亡，高压线是供电公司的，与他无关。而且事发地点也不在他家，而是在另外一名被告舒某的房顶上，舒某的房屋属于违章建筑。此外，事发时，二名死者在他家的工作已经结束。

2. 被告舒某辩称，事故涉及房屋是其父亲的，其父亲已经于2014年去世了。原告起诉主体错误。

3. 被告县供电公司辩称，房屋属于违章建筑，是地方政府在房屋审批过程中没有尽到监管职责，而且受害人在施工过程中没有采取相应的保护措施，自身操作不当，造成事故发生。供电公司不存在失职的情形，电力运行事故是由于用户和第三人过错造成的，电力企业不承担责任。

4. 被告镇政府辩称，镇政府所颁发的规划许可证是针对事故现场南边的主房的，事故现场的小平房属于配房，法律并没有规定政府对主房以外的配房进行规划，政府不存在审批违章建筑的问题。事故发生首先是由于二名死者不注意安全规范，其次是因为电力管理部门没有在高压线路上设置警示标志，而且事故现场的电线都是裸露的，没有对电线采取安全保障措施。另外，电力部门安装有触电保护装置，如果触电后保护装置能够发挥作用立即停电，就不会出现人身伤亡事故。最后，房屋所有人在明知道有高压线路的情况下仍然在高压线下面建房，留下安全隐患，对此事故也应承担责任。

在一审中，该案还有许多细节值得我们注意：①该高压线路的产权属于县供电公司。②二死者在屋顶操作时没有注意安全。③被告李某称他让二名死者去他家是为了安装马桶，二名死者怎么会走到房顶，他当时不在家也并不知情。④被告舒某所建房屋有镇政府颁发的房屋规划许可证。⑤供电公司声称高压线距房顶的距离符合电力规程，但没有提供证据证明安全距离的具体数值。⑥被告供电公司辩称，其已向被告舒某下发“电力设施安全保障告知书”，已告知被告舒某拆除在线路保护区内的自建房屋，但该告知书中的收到时间空白，无法证明被告电力公司是在事故发生之前向被告舒某送达的。⑦被告供电公司辩称，被告舒某所建房屋系非法占用电力设施通道，被告镇政府应当阻止其建房，不应向其颁发房屋建设规划许可证，被告供电公司是企业，无权强制清除舒某所建房屋。但法院认为，供电公司没有提供证据证明其已告知镇政府被告舒某的房屋规划不符合“电力法”的规定，未证明其已尽到了足够的提醒和阻止义务。

本案的争议焦点之一是被告供电公司是否要承担赔偿责任；之二是如果供电公司承担赔偿责任，责任的比例应该是多少；之三是其他三个被告是否也应该承担相应的责任。

本案经过了一审、二审，被告供电公司仍然觉得判决结果不公平，就启动了再审程序。

【判决结果】

一审结果：法院认为，造成两名死者死亡的主要原因是两名死者操作不当、不注意安全，两名死者对其死亡结果负主要责任。两名死者系触高压电死亡，依据《中华人民共和国民法通则》第一百二十三条的规定，本案属于特殊侵权，适用无过错责任原则，举证责任应当由被告电力设施产权人供电公司承担。供电公司应当证明其对两名死者的死亡结果不具有过错。但是从被告所提供的证据上看，证据不足，无法证明自身不存在过错。

原告要求被告供电公司对两名死者的死亡承担赔偿责任的诉讼请求，法院予以部分支持。

两名死者与被告李某之间的承揽合同关系在两名死者完成工作时就已自动终止。造成两名死者死亡的原因系触碰产权属于被告供电公司的高压线和两名死者操作不当、不注意安全，与被告李某无关，故对原告要求被告李某对两名死者的死亡承担责任的诉讼请求，法院不予支持。被告舒某的主体房屋系经镇政府批准后所建。

原告未提供证据证明被告镇政府颁发房屋建设规划许可证的行为违反法律规定，两名死者死亡与被告镇政府无关，故对于原告要求被告镇政府承担两名死者死亡责任的诉讼请求，法院不予支持。

综上判决原告自行承担本案70%的责任，被告供电公司承担本案30%的赔偿责任。驳回其他诉讼请求。

一审原告与被告供电公司都不服判决，依法上诉至中级人民法院。原告要求改判供电公司承担50%的责任，供电公司则要求法院驳回上诉人的诉讼请求。

中级人民法院认为，公民的生命健康权受法律保护。根据《中华人民共和国侵权责任法》第七十三条规定：“从事高空、高压、地下挖掘活动或者使用高速轨道运输工具造成他人损害的，经营者应当承担侵权责任，但能够证明损害是因受害人故意或者不可抗力造成的，不承担责任。被侵权人对损害的发生有过失的，可以减轻经营者的责任。”本案受害人赵某乙、赵某甲系接触高压电线后触电身亡，作为经营者的供电公司应当承担赔偿责任，供电公司未提供证据证明赵某乙及赵某甲在事故中存在故意，其主张免责的理由不能成立。

赵某乙、赵某甲因未尽到安全注意义务，对事故的发生具有一定的过错，应适当减轻供电公司的赔偿责任。

结合本案事故发生对原告家庭造成的严重影响，以及受害人与供电公司在事故发生中各自的过错程度，一审法院判决供电公司承担30%的责任存在不妥，中级人民法院适当予以调整，由供电公司承担50%的责任。对其他被上诉人维持原判。

【案例评析】

本案涉及的相关法律规定。

1. “线先房后”电力设施保护区内违章建筑引发的触电事故在各类人身触电事故中所占比例最大

《电力设施保护条例》和《电力设施保护条例实施细则》都对架空电力线路保护区的范围进行了具体的规定。“电力法”第五十三条规定，任何单位和个人不得在依法划定的电力设施保护区内修建可能危及电力设施安全的建筑物、构筑物。《电力设施保护条例》第十五条规定，任何单位或个人在架空电力线路保护区内，必须遵守下列规定：……③不得兴建建筑物、构筑物。”本案的情况是在电力设施保护区内经批准建房，这种情况是电力线路建设在前，建房人或者房地产开发商经政府相关部门批准侵入电力设施保护区违法建房，就电力设施保护而言，不管是否经过政府相关部门批准，都是违反电力法律法规的违法行为，只是承担责任的主体和责任大小不同，批检单位应当承担责任。如果是大片的房地产开发的网点，涉及居住房屋和线路安全问题的，应报告政府部门协调处理、由建设方出资迁移线路、更改地产开发网点的地基位置，或者通过行政诉讼彻底解决安全隐患。

2. 高压触电事故举证责任

举证责任是民事诉讼活动中的重要内容，当事人对自己提出的主张，有责任通过证据加以证明，如果自己提供的证据不能证明自己的主张将承担不利的裁判后果。依据我国《民事诉讼法》的规定，一般侵权案件的举证责任遵循“谁主张，谁举证”的原则。高压触电事故的归责原则是无过错原则，根据《民法通则》第一百二十三条规定，从事高度危险作业而造成他人损害的，应当承担民事责任，如果能够证明损害是由受害人故意造成的，不承担民事责任。在高压触电侵权案件中，受害人需要承担的举证责任包括受到损害的事实、加害人从事高度危险作业行为的事实、损害的事实与加害人所从事的高度危险作业之间存在因果关系、受害人主观上没有过错。加害人应承担的举证责任包括免责的举证，即证明损害事实是由受害人故意造成的或者是由不可抗力造成的，还包括减轻责任的举证，即证明受害人本身存在过错，第三人存在过错或者是监护人监护不力。

3. 供电公司应该承担侵权的赔偿责任

一是本案是高压触电事故，应该适用无过错的归责原则。供电公司是涉事线路的产权人，又没有充分的证据证明被害人存在故意或者是事故发生时存在不可抗力，因此无法为自己免责。二是供电公司也无法证明事故中的第三方李某、舒某和镇政府存在过错，不能减轻自己的责任。

4. 供电公司承担责任的比例是否适当

一审法院判决供电公司承担30%的责任，二审法院认为这个承担比例不当，因为供电公司存在的过错比较大，就提升责任比例至50%，这实际上属于法官自由裁量的职权范围。我们认为法官的判决结果是可以接受的。

【风险防范建议】

供电公司应加强对线路的巡视和维护，发现隐患及时报告整改，并向对方发送安全告知函，尽到安全管理义务才能减轻或者免除责任。

实例 3：余某触电死亡案

【案情】徐某自家盖房需要雇人，就找来余某帮忙。余某本身没有建筑工人的资质，房主对雇佣的工人也没有进行安全操作教育就直接让其上岗了。徐某家准备盖房子的地点旁边正好有供电公司架设的 10 千伏的高压线，如果房子盖起来，房子与高压线的距离就达不到安全距离，于是供电公司在徐某房屋建设过程中进行了一次安全隐患告知，但是徐某仍然没有停止盖房子。一天下午，余某负责在房屋二楼搬运钢筋，结果钢筋触碰到 10 千伏的高压线路，余某触电死亡。于是，余某的母亲、妻子和子女将供电公司告上法庭，要求赔偿原告的损失包括死亡赔偿金、丧葬费、精神损害抚慰金等共计 39 万元。死者余某是成年人，具有完全民事行为能力。

【焦点及相关证据】

1. 本案经过法院确认，高压线的架设在先，徐某盖房子在后。供电公司发现徐某所建房屋与 10 千伏高压线路之间的距离达不到安全距离，于是在建房期间对徐某进行了安全隐患的告知（但本案中没有提到是否有书面的通知）。

2. 原告认为供电公司没有在高压线附近设置警示标志。

3. 法院认为，徐某雇佣余某进行建筑施工，其与余某之间构成了雇佣关系，其应对所雇佣的人员履行安全保障义务。徐某没有尽到安全保障义务导致余某在施工过程中电击死亡，应该对其死亡承担主要责任。

因此本案的焦点问题应该是原告是否存在法律规定的四类行为使得被告免责。

【判决结果】

一审判决被告供电公司赔偿原告各项费用的 15%，同时支付原告精神损害抚慰金。

【案例评析】

1. 供电公司不承担民事赔偿责任。

本案中，供电公司没有过错。徐某在高压架空线路保护区内建房是违反法律的行为。“电力法”第五十三条规定，任何单位和个人不得在依法划定的电力设施保护区内修建可能危及电力设施安全的建筑物、构筑物。《电力设施保护条例》第十五条规定，任何单位和个人在架空电力设施保护区内，不得兴建建筑物、构筑物。该《电力设施保护条例》第十条还规定了不同电压等级的电力设施保护区的范围。而供电公司在建房期间已经发现徐某所建房屋离10千伏高压线不符合安全距离。显然，该房屋已经进入架空线路保护区的范围内，构成严重的违法行为。因此，作为产权所有者和管理者的供电公司发现这个问题以后，就根据“电力法”相关规定向徐某发出了隐患通知，要求徐某立即停止这种违法建房的行为，确保电力线路的安全，否则一切后果自负。

供电公司发出隐患通知后，徐某并没有重视，仍然一意孤行继续建房。作为电力企业来说，根据法律的规定，在电力设施保护区内违法建房的行为，其有制止的权利，而没有强制制止或执行的职权，“电力法”第六十九条明确规定，在依法划定的电力设施保护区内修建建筑物、构筑物，由当地人民政府责令强制拆除。显然，电力企业在依法制止无效，当事人拒不听从的情况下，自身没有权力强制执行或强制拆除，只能请求行政救济和司法救济，即依法请求当地人民政府责令违章户拆除违章建筑。

另外，《电力设施保护条例》第十一条规定，县以上地方各级电力管理部门应采取以下措施，保护电力设施：①在必要的架空电力线路保护区的区界上，应设立标志，并标明保护区的宽度和保护规定；②在架空电力线路导线跨越重要公路和航道的区段，应设立标志，并标明导线距穿越物体之间的安全距离。《电力设施保护条例实施细则》第九条规定，电力管理部门应在下列地点设置安全标志：①架空电力线路穿越的人口密集地段；②架空电力线路穿越的人员活动频繁的地区；③车辆、机械频繁穿越架空电力线路的地段。《电力设施保护条例》和《电力设施保护条例实施细则》，明确了电力管理部门设立电力设施保护标志和安全标志的义务，但是在触电人身损害赔偿案件中，法院常常以电力企业未尽警示义务为由判决电力企业承担赔偿责任。

电力企业作为电力设施的建设者和管理者，设置电力设施保护和警示标志，不会成为企业的负担，法律法规将这样的义务赋予电力企业，也具有合理性。但在现实中电力设施保护和警示标志的设置具有一定的难度，例如选择设置标志的地段、选择设置标志的密度等。如果法院认为电力设施保护和警示标志设置不到位，常常以此为由判决供电企业承担相应的责任。一般而言，电力企业应该本着“宁多勿少”的原则，尽量减少因未尽设置危险警示标志的义务而承担事故损害的赔偿责任。本案原告在起诉状中提到这个问题，但是法院在判决书中并没有提出警示标志是否符合法律规定的问题，说明法院对原告的说法没有认可。

2. 徐某应承担主要责任。

徐某在电力设施保护区内违章建房的行为是违反法律的行为。“电力法”和《电力设施保护条例》已明确规定，任何单位和个人不得在电力设施保护区内违法新建建筑物和构筑物，徐某不听供电企业的劝阻和警示，依然继续建房，这说明徐某知道自己建房的行为已经违反法律规定，但为了一己私利，仍坚持违法建房，这是一种明显的故意的行为，应当承担过错责任。根据建筑法及建设条例的有关规定，在危险区域内进行作业时应当采取切实有效的安全措施，保障作业时的安全，在本案中，徐某明显没有采取任何安全措施，存在明显过错。

徐某与死者之间存在雇佣关系，依据《侵权责任法》第三十五条规定：“个人之间形成劳务关系，提供劳务一方因劳务造成他人损害的，由接受劳务一方承担侵权责任。提供劳务一方因劳务自己受到损害的，根据双方各自的过错承担相应的责任。”可见雇佣劳动关系中，雇员本人遭受人身损害的，雇主承担责任，雇员在劳动过程中违反雇主的指示或者有重大过失的，可以减轻雇主的责任。徐某将工程发包给没有建筑资质的余某，存在选人过失；明知房屋违章仍然要求余某进行建设，徐某存在故意或重大过失。因此，徐某应承担主要责任。

3. 死者余某也要承担相应的责任。

死者余某作为一名成年人，具有完全民事行为能力，他应该知道在10千伏高压架空电力线路内施工是很危险的，必须采取切实有效的安全措施，实行有效的监护制度才可以施工。但是余某既没有施工的资质，也没有采取切实有效的安全保障措施，不注意安全、冒险作业，导致自己触电的人身损害事故，失去了自己的生命。

4. 本案法院判决供电公司承担15%的责任，并且要支付给死者家属精神抚慰金。法院认为，供电公司在发现徐某违章建房时只进行了一定的告知，没有采取相应的安全避免措施，存在一定的过失。

【风险防范建议】

本案为高压触电人身损害事故，采用无过错责任原则。高度危险作业致人损害的，按照《民法通则》第一百二十三条的规定，只有一个免责条件，即损害结果是由受害人的故意造成的。《最高人民法院关于审理触电人身损害赔偿案件若干问题的解释》第三条规定了四个因高压电造成他人人身损害，电力设施产权人的免责条件：一是不可抗力；二是受害人以触电方式自杀、自伤；三是受害人盗窃电能，盗窃、破坏电力设施或者因其他犯罪行为而引起触电事故；四是受害人在电力设施保护区从事法律、行政法规所禁止的行为。本案中有三点值得我们注意：一是当供电公司发现有人在电力设施保护范围内进行违法作业时应当及时下发隐患通知书，并且最好能够进行多次通知，如果多次通知后违法行为人仍未改正，应该上报行政管理部门，通过其他部门的强制措施来尽可能履行供电企业的通知义务，如邀请公证机关进行公证，发隐患通知书抄送抄报当地法院，抄送当地政府备案，申请法院强制排除妨碍，报送当地政府进行强制制止等。二是电力设施保护和警示标志的设立宁多勿少，以免因未尽设置危险警示标志的义务而承担事故损害赔偿责任。三是供电企业应当大力宣传在电力设施保护范围内进行建房等行为属于违法行为，如出现事故会因此承担相应的法律后果，让公众对法律存有敬畏之心。

实例4：邹某钓鱼触电身亡案

【案情】某日下午，完全民事行为能力人邹某在村水塘钓鱼，鱼竿不慎碰触到水塘上方10千伏的高压线路，造成邹某当场死亡。家属将这条高压线路的产权人供电公司告上法庭，要求通过诉讼程序解决死者触电身亡的赔偿问题。经过法庭调查，邹某确系触电死亡，该线路确属供电公司所有，此高压线路距地面的垂直距离为6米，而且死者触电地方的电线杆上有“高压危险，禁止钓鱼，珍爱生命”的警示标志。邹某在高压架空电力线路保护区内从事法律、行政法规所禁止的垂钓行为，造成其人身损害的后果，应自己承担主要责任。同时，法院认为，供电公司仅在鱼塘的一边设立标志牌，并未标明10千伏高压导线保护区为5米，未严格按照《电力设施保护条例》的规定设置架空电力线路保护区，未在区界周边设立标志牌，未标明保护区的宽度和保护规定，其经营管理存在一定瑕疵，因此不能免除供电公司的赔偿责任。

【焦点及相关证据】

1. 死者在高压线下钓鱼是否是法律法规禁止的行为。电力法律法规和某些地方性法规有规定不一致的地方，但是并不矛盾。本质上都在强调要保护电力设施运行的安全。

2. 供电公司在死者触电的地方设置的警示标志是否符合法律规定。死者触电的地点不是必须设置电力设施保护区标志的地方，只要有警示标志就可以了。

【判决结果】

法院认为，本案为高压触电致人死亡的案件。被告供电公司不能举证证明受害人邹某死亡是其故意造成的，应该按照无过错原则，对其高压线路致人损害承担赔偿责任。被告虽然在线路周边设置了标志牌，但并未标明10千伏高压导线保护区为5米；未严格按照《电力设施保护条例》的规定设置架空线路保护区；未在区界边设立标志牌；未标明保护区的宽度和保护规定，其经营管理存在一定瑕疵。《电力设施保护条例》并未规定在电力线路保护区内钓鱼是禁止性行为，不能免除被告的赔偿责任。受害人邹某为完全民事行为能力人，应选择安全合适的地点垂钓，应预见高压线的危险，但疏忽大意，造成触电死亡，主观上存在过失，对该行为的后果承担相应的民事责任。判决被告供电公司承担30%的赔偿责任。

【案例评析】

1. 笔者认为供电公司不应承担责任

原因之一，死者邹某在架空线路保护区内钓鱼是违法行为。《电力设施保护条例》第十四条规定，“任何单位或个人，不得从事下列危害电力设施的行为：……③在架空电力线路导线两侧各300米内放风筝……根据此条规定，架空线路保护区范围内明确不能放风筝。但是却没有提到在架空线路保护区内不能钓鱼。而因钓鱼导致高压触电的案件又是高压触电案件的“重灾区”。如果适用《电力设施保护条例》中第十四条的规定“不得从事下列危害电力线路设施的行为：②向导线投掷物体”的条款，又不能完全涵盖钓鱼触电事故的情形。但是各省的相关条例中却有具体的规定，即直接规定电力线路保护区内钓鱼违法，此处可以引用省级立法机关颁布的法规作为依据。这些地方性法规并未与上位法相冲突，应当作为上位法的补充和判案依据。原因之二，供电公司已经设置了明显的安全警示标志，而且这个标志正在死者触电地点上方。法院认为供电公司还应该在此处设置保护区范围的标识，标明保护区的宽度和保护规定，但是根据《电力设施保护条例》第十一条规定，在必要的架空电力线路保护区的区界上应设立标志，并标明保护区的宽度和保护规定。在这里有明显的“必要”两个字，首先不是所有的电力设施都必须设置保护区的标志。事故发生地的鱼塘并不是人口密集的地区，也不是车辆穿越频繁的地段，因此不需要强制性地设置保护区的标志和范围，而且将整个高压线上都标明保护区的范围也是不现实、不合理的。此案中供电公司已经尽到了安全警示的义务，管理上不存在瑕疵。

2. 死者邹某应该承担全部责任

基于上面的阐述，死者邹某应该可以看到醒目的安全警示标志，却置若罔闻。作为一个完全民事行为能力人，应该知道电力的危险性，却依旧在高压线下钓鱼，故死者本身存在重大过错。

【风险防范建议】

预防钓鱼触电主要应从以下几个方面入手：①保证架空电力线路工程合格；②严禁线下挖塘或养鱼；③签订安全管理协议；④设置安全警示标志。

实例5：刘某低压触电事故案

【案情】一日刘某去本村西南自家菜地摘菜时，由于菜地所邻菜地线杆地基松软，加之正值汛期，致使线杆地基陷成了大坑，线杆滑落坑底，线杆所附380伏三相电低压电力线落地。刘某被坠落的电线击伤身亡，依照医院出具的死亡医学证明显示，导致死亡的原因为电击伤。刘某的丈夫及子女将供电公司告上法庭。

【焦点及相关证据】

1. 涉事线路的产权问题

针对这个问题，法庭进行了调查，包括事故发生前供电设施的分界点有没有安装用电计量装置；供电公司的电工李某出庭作证，证明其系被告单位职工，由被告派驻该村作为电工，该村南农网改造标有“〇三”线杆北侧线路的产权归被告所有。从“〇三”线杆西侧连接下来的东、西五档线路产权归某村所有，由李某管理并收取电费。在塌陷线杆的线路末端由张某安装电表，收取用户电费。事故发生后，张某派人把事故线路南端线杆的电线剪断，并将剪断的电线拿回家，张某对事故线路（从“〇三”线杆连接下来的五档线路与塌陷线杆之间的线路）负有管理、使用责任，张某还派人收取过该线路的电费。

2. 涉事线路属于高压线路还是低压线路

经法庭实地调查确认受害人触电身亡线路系380伏，属低压线路。

3. 涉事线路是否是由供电公司无偿管理的

根据双方举证和法庭调查，确认事故线路是由张某管理，张某与供电公司没有关系。供电公司派驻的村电工李某负责的是公司有产权的线路，不管理属于村的线路。

4. 电力线路产权人的责任

本案的原告没有将电力线路的产权人作为被告，也没有追加被告，法院视为其对自身诉讼权利的放弃，不予干涉。

【判决结果】

法院认为：原、被告对受害人刘某系电击死亡的事实无争议，事故线路为低压三相380伏。行为人因过错侵害他人民事权益的应当承担侵权责任。本案中，张某对自己所有的电力线路未尽到管理义务，致使带电线路坠地，造成受害人死亡，具有过错，应当承担侵权责任。原告经法院释明，未对造成受害人死亡线路的所有权人提起诉讼，是其对自身诉讼权利的放弃，法院不予干涉。

有证据证明，本案被告派驻事发地的电工对事故电力线路进行了长期的无偿管理，其作为专业技术人员，应对该段电力线路进行必要的巡查、管护，并对所发现的安全隐患向产权人提出警示和建议，但无证据证明其尽到了相应的义务，具有一定的过错，应对受害人的触电死亡承担相应的侵权责任，因其系被告企业职工，其职务行为的后果应由被告负担。结合本案实际情况，判决由被告供电公司承担30%的侵权责任。

【案例评析】

本案为低压触电死亡事故的案件。

1. 供电公司不应该承担责任

理由一，本案电力设施的产权人不是供电公司，此事实是经过法院调查确认过的。根据《供电营业规则》第五十一条规定，在供电设施上发生事故引起的法律责任，按供电设施产权归属确定。产权归属于谁，谁就承担其拥有的供电设施上发生事故引起的法律责任。《合同法》第一百七十八条关于供用电合同的规定中也使用了“产权”这一概念，规定：“供用电合同的履行地点，按照当事人约定；当事人没有约定或者约定不明确的，供电设施的产权分界处为履行地点。”本案中产权明晰。理由二，供电公司也不是涉案线路的管理人。涉案线路是由线路产权人派人负责管理的，并收取电费，而供电公司只是无偿参与了管理，这里需要注意的是供电公司管理的行为是“无偿”的。从法理上来说，权利与义务应该是对等的。理由三，供电公司本身不存在过错。

2. 涉事线路的产权人应该承担本案的全部责任

根据电力法律法规的规定、相关的司法解释、司法实践以及法律原则，本案涉事线路的产权人出资建设了该线路，又派人管理和收费，是完全的法律上的电力设施产权人和管理人。死者在自己菜地从事正常的田间劳动，却因为菜地上倒塌的电线杆依然带电触电身亡，本身没有过错，不需要承担相应的责任。相反，电力设施的产权人，对电线杆疏于管理和维护，没有及时排除事故隐患，存在重大过错，应该承担全部责任。

【风险防范建议】

1. 加强供用电合同的管理

本案中法院没有提到涉案线路的供用电合同以及合同中是否有相关产权分界点的划分。笔者认为现实中农村电网的供用电合同管理比较混乱，供电公司不能及时提供直接的产权证据，就容易让供电公司在案件处理过程中处于被动。

2. 积极与法院沟通，向办案人员阐明产权分界点、产权人和管理人等法律法规中的概念

电力设施的产权人、管理人和经营人严格来说是三个不同的概念。电力设施的管理人和经营者实际上涉及的主体很多，很难界定。相比之下，电力设施的产权人就容易确定得多，对产权人责任的严格规范，也有利于产权人提高责任意识，案件处理起来也相对容易。

模块五　安全生产法与电力法规

【学习目标】

知识目标：了解安全生产的概念、特征以及基本原则；掌握安全生产监督管理职责，从业人员的权利和义务；掌握安全生产单位安全生产保障基本内容。

能力目标：能够自觉遵守安全生产的法律规定。

第一部分　案例与分析

2019 年 3 月 21 日 14 时 48 分许，江苏省某市化工园区内某化工有限公司发生爆炸，此次发生爆炸的是该厂内一处生产装置，爆炸物质为苯。该化工园区位于镇区以西 2 公里处，占地面积 10.05 平方公里，设有化工生产区、生活服务区、污水处理区、化工危险品存放区四大功能区。

爆炸区域附近有多处住宅区和学校，其中一所幼儿园离事发现场直线距离仅 1.1 公里，爆炸已经导致部分孩子受伤，当地的医疗机构正在抓紧救治伤者。

事故发生后，党中央、国务院高度重视。正赴国外访问途中的中共中央总书记、国家主席、中央军委主席习近平立即作出重要指示，要求江苏省和有关部门全力抢险救援，搜救被困人员，及时救治伤员，做好善后工作，切实维护社会稳定；要加强监测预警，防控发生环境污染，严防发生次生灾害；要尽快查明事故原因，及时发布权威信息，加强舆情引导。习近平总书记强调，近期一些地方接连发生重大安全事故，各地和有关部门要深刻吸取教训，加强安全隐患排查，严格落实安全生产责任制，坚决防范重特大事故发生，确保人民群众生命和财产安全。

中共中央政治局常委、国务院总理李克强作出批示，要科学有效做好搜救工作，全力以赴救治受伤人员，最大程度减少伤亡，采取有力措施控制危险源，注意防止发生次生事故。应急管理部督促各地进一步排查并消除危化品等重点行业安全生产隐患，夯实各环节责任。

根据习近平总书记指示和李克强总理要求，应急管理部、生态环境部已分别派出工作组赶赴现场指导抢险救援和环境监测工作。国家卫生健康委抽调重症医学、烧伤、创伤外科、神经外科和心理干预专家等组成国家级医疗专家组赶赴当地进行医学救援。江苏省委、省政府负责同志正在现场指挥处置。目前，现场救援、伤员救治等工作正在紧张有序进行中。

第二部分　模块学习与引导

电力行业是一个具有高度危险性的行业，电力安全生产在电力行业的日常工作中居于重要地位。从电力设施的建设，到电网运行的安全，再到供电公司的供用电安全，时时处处都要绷紧电力安全的弦。

电力法规中的电力安全法规体系是以《中华人民共和国安全生产法》（以下简称《安全生产法》）为基础的，同时辅以大量的行政法规、地方性法规和公司的内部安全管理制度。安全生产法是指调整在生产过程中产生的同劳动者或生产人员的安全与健康，以及与生产资料和社会财富安全保障有关的各种社会关系的法律规范的总称。《安全生产法》是为了加强安全生产工作，防止和减少生产安全事故，保障人民群众生命和财产安全，促进经济社会持续健康发展而制定的。

5.1　安全生产

5.1.1　安全生产的概念和特征

所谓安全生产，是指在生产经营活动中，为了避免造成人员伤害和财产损失的事故而采取相应的事故预防和控制措施，使生产过程在符合规定的条件下进行，以保证从业人员的人身安全与健康、设备和设施免受损坏、环境免遭破坏，保证生产经营活动得以顺利进行的相关活动。

安全生产是安全与生产的统一，其宗旨是安全促进生产，生产必须安全。做好安全工作，改善劳动条件，可以调动职工的生产积极性；减少职工伤亡，减少劳动力的损失；减少财产损失，增加企业效益，促进生产的发展。而生产必须安全，则是因为安全是生产的前提条件，没有安全就无法生产。

安全生产具有以下特征：

第一，保护劳动者的生命安全和职业健康是安全生产最根本、最深刻的内涵，是安全生产本质的核心，它充分揭示了安全生产以人为本的导向性和目的性。

第二，突出强调了最大限度的保护。所谓最大程度的保护，是指在现实经济社会所能提供的客观条件的基础上，尽最大的努力，采取加强安全生产的一切措施，保护劳动者的生命安全和职业健康。从安全生产监管主体、安全生产责任主体、劳动者自身三个层面进行最大程度的保护。

第三，突出了在生产过程中的保护。在劳动者的生命和职业健康面前，生产过程应该是安全地进行生产的过程，安全是生产的前提，安全又贯穿于生产过程的始终。二者发生矛盾，当然是生产服从于安全，安全第一。

5.1.2　安全生产法的基本原则

《安全生产法》确定了“安全第一、预防为主、综合治理”的安全生产管理基本方针，在此方针的规约下形成了一定的管理体制和基本原则。

1. 以人为本的原则

要求在生产过程中，必须坚持“以人为本”的原则。在生产与安全的关系中，一切以安全为重，安全必须排在第一位。必须预先分析危险源，预测和评价危险、有害因素，掌握危险出现的规律和变化，采取相应的预防措施，将危险和安全隐患消灭在萌芽状态。

2. 谁主管、谁负责的原则

安全生产的重要性要求主管者也必须是责任人，要全面履行安全生产责任。

3. 管生产必须管安全的原则

工程项目各级领导和全体员工在生产过程中必须坚持在抓生产的同时抓好安全工作。

4. 安全具有否决权的原则

安全生产工作是衡量工程项目管理的一项基本内容，它要求对各项指标考核、评优创先时首先必须考虑安全指标的完成情况。安全指标没有实现，即使其他指标顺利完成，仍无法实现项目的最优化，安全具有一票否决的作用。

5. 三同时原则

三同时原则是指，基本建设项目中的职业安全、卫生技术和环境保护等措施和设施，必须与主体工程同时设计、同时施工、同时投产使用的法律制度的简称。

6. 三个同步原则

三个同步原则是指，安全生产与经济建设、深化改革、技术改造同步规划、同步发展、同步实施。

5.2 安全生产经营单位的安全生产保障

1. 生产经营单位应当具备《安全生产法》和相关法律、行政法规和国家标准或者行业标准规定的安全生产条件，不具备安全生产条件的，不得从事生产经营活动。

2. 生产经营单位应当具备安全生产条件必需的资金投入，由生产经营单位的决策机构、主要负责人或者个人经营的投资人予以保证，并对由于安全生产所必需的资金投入不足导致的后果承担责任。

3. 生产经营单位主要负责人和安全生产管理人员必须具备与本单位所从事的生产经营活动相应的安全生产知识和管理能力。

三同时制度

4. 生产经营单位应当对从业人员进行安全生产教育和培训，保证从业人员具备必要的安全生产知识，熟悉有关的安全生产规章和安全操作规程，掌握本岗位的安全操作技能。

5. 生产经营单位采用新工艺、新技术、新材料或者使用新设备，必须了解掌握其安全技术性，采取有效的防护措施，并对从业人员进行专门的安全生产培训和教育。

6. 生产经营单位的特种作业人员必须按照国家有关规定经专门的安全作业培训，取得特种作业操作资格证书，方可上岗作业。

7. 生产经营单位新建、改建、扩建工程项目的安全设施，必须与主体工程同时设计、同时施工、同时投入生产和使用。安全设施投资应当纳入建设项目概算。

8. 生产经营单位应当在有较大危险因素的生产经营场所和有关设施、设备上设置明显的安全警示标志。

5.3　从业人员的权利和义务

1. 权利

（1）知悉权

生产经营单位与从业人员签订的劳动合同，应当载明有关保障从业人员劳动安全，防止职业危害的事项以及依法为从业人员办理工商社会保险的事项。生产经营单位不得以任何形式与从业人员签订协议，免除或者减轻其对从业人员因生产事故伤亡应承担的责任，生产单位有关从业人员有权了解其作业场所和工作岗位存在的危险因素、防范措施。

（2）建议权

生产经营单位从业人员有权针对本单位的安全生产工作提出建议。

(3) 批评检举控告权

从业人员有权对本单位安全生产工作存在的问题提出批评、检举、控告，有权拒绝违章指挥和强令冒险作业。

(4) 撤离权

从业人员发现直接危及人身安全的紧急状况时，有权停止作业或者采取可能的应急措施后撤离作业场所。

(5) 赔偿权

因安全生产事故受到损害的从业人员，除依法享有工伤保险外，依照相关法律规定，有权向本单位提出赔偿要求。

2. 义务

(1) 遵守相关规章制度的义务

从业人员在作业过程中，应当严格遵守本单位的安全生产规章制度和操作规程，服从管理，正确佩戴和使用劳动防护用品。

(2) 接受安全培训的义务

从业人员应该接受安全生产教育和培训，掌握本职工作所需要的安全生产知识，提高安全生产技能，增强事故预防和应急能力。

(3) 发现隐患及时上报义务

从业人员发现事故隐患或者其他不安全因素，应当立即向现场安全生产管理人员或者本单位负责人报告；接到报告的人员应当及时予以处理。

5.4 安全生产监督管理

1. 安全生产监督管理部门的职权

根据相关法律规定，安全生产监督管理部门和监督检查人员在执行公务时享有下列权利：

(1) 检查权

根据工作需要，监督检查人员可以进入有关单位，对生产经营场所进行实地检查。任何单位和个人不得拒绝或阻挠。

(2) 书面调查权

安全生产监督部门和检查人员有权要求有关单位和个人在限定的期限

内就有关问题做出书面解释和说明。

（3）询问权

安全生产监督部门和检查人员有权向生产经营单位和个人询问相关情况。

（4）查询资料权

安全生产监督管理部门和检查人员有权查阅生产经营单位的有关资料，被检查单位必须及时、如实提供。

2. 安全生产监督检查人员行为规范

（1）在进行监督检查时，应该有两名以上执法人员，检查时应向被检查当事人出示检查证件，证明自己的身份。

（2）遵守有关法律、法规的规定，依法行政。

（3）进入生产经营场所进行实地检查时，遵守安全生产纪律和有关安全生产制度。

（4）为生产经营单位保守商业秘密、生产技术秘密和其他不宜公开的秘密。安全生产监督检查人员对涉及被检查单位的技术秘密和业务秘密，应该为其保密。

3. 安全生产的举报

（1）举报制度

负有安全生产监督管理职责的部门应当建立举报制度，主要包括：第一，健全和完善人民群众来访和举报制度；第二，通过报刊、电视、广播、会议等形式，宣传安全生产法律知识；第三，深入实际调查研究，核查事实，依法处理，并将处理结果形成书面材料；第四，对需要落实的整改措施，必须经有关负责人签字落实；第五，要将重要案件查处结果向群众公开，听取群众意见，接受监督。

（2）举报权利

任何单位和个人对隐瞒事故或者安全生产的违法行为，均有权向负有安全生产监督管理职责的部门报告或者举报。

（3）举报奖励

县级以上各级人民政府及其相关部门对报告重大事故隐患或者举报安

全生产违法行为的有功人员，给予奖励。

【模块小结】

本章主要是结合安全生产法的相关规定，介绍了安全生产法的核心内容。通过本章的学习，希望学员树立正确的安全生产观念，明白严格执行国家法律法规和行业规程制度是电网企业加强安全生产监督管理，防止和减少生产安全事故，实现安全生产的保证和基础。

第三部分　知识巩固

一、不定项选择题

1. 《中华人民共和国安全生产法》通过公布的时间是（　　）。

A. 2002 年 12 月 1 日　　B. 2002 年 6 月 29 日

C. 2004 年 12 月 1 日　　D. 2004 年 6 月 29 日

2. 《中华人民共和国安全生产法》确定的安全生产的基本方针（　　）。

A. 预防为主　　B. 安全第一

C. 综合治理　　D. 以人为本

3. 以下哪些是安全生产监督管理部门的职权？（　　）

A. 检查权　　B. 调查权

C. 询问权　　D. 查阅资料权

4. 以下哪些不属于《国家电网安全生产事故调查规程》中事故调查程序？（　　）

A. 保护事故现场　　B. 收集原始资料

C. 调查事故情况　　D. 报送事故调查报告书

二、简答题

1. 安全生产的基本原则。

2. 生产经营单位从业人员的基本权利和义务。

3. 安全生产监督机关的职权内容。

三、案例分析题

某建筑公司因效益不好，公司领导决定进行改革，减负增效，经过研究决定，将公司安全部撤销，安全管理人员 8 人中，4 人下岗，4 人转岗。原安全部职责转到工会，由工会中两个人兼职负责。由于公司安全职责仅由工会两个人兼职，导致公司安全工作普遍不受重视，安全生产管理混乱，安全事故经常发生。

问：根据《中华人民共和国安全生产法》，指出该公司的违法之处。

模块六　电力市场监管与电力法规

【学习目标】

知识目标：能够理解电力监管的含义和作用，正确辨认国家的电力监管机构，正确认识供电企业的法律地位；熟悉电力监管的内容和主要法律规范。

能力目标：能够对与电力监管法规相关的实际问题提出具有法律依据的见解。

第一部分　案例与分析

为切实维护广大电力消费者的合法权益和社会公共利益，保障人民群众满意用电，2016 年 7 月至 2017 年 3 月，国家能源局组织各派出能源监管机构开展了全国供电监管工作。国家能源局发布《2016 年 7 月—2017 年 3 月供电监管报告》（以下简称《报告》）。

本次供电监管采用“双随机”抽查方式从全国 3007 家供电企业中，选取了 23 家省级、108 家市级、149 家县级共计 280 家供电企业开展了现场检查。从监管情况看，各供电企业基本能够落实监管要求，供电能力和供电质量得到持续改善，供电服务水平不断提升。

督促问题整改，提升监管有效性。针对《2015 年 7 月—2016 年 3 月供电监管报告》披露的问题和具体点名的案例，在相关派出能源监管机构的督促下，各供电企业积极采取有效措施进行整改，《报告》通报了问题的整改情况，问题基本整改完成。

坚持问题导向，增强监管针对性。《报告》坚持问题导向，结合12398能源监管投诉举报和日常监管中发现的问题开展重点核查，着力解决关系人民群众切身利益和群众反映强烈的实际问题，保障人民群众用电合法权益。

力求案例真实准确，维护监管权威性。本次监管采用“双随机”抽查方式开展现场检查，并对发现的问题反复核实，最终归并、筛选出具有代表性的共计17个专栏37个典型案例，同时对问题企业明确点名，力求披露问题的准确性，着力维护监管的权威性。

《报告》指出了部分地区和供电企业存在的五个方面的问题：“两率”管理薄弱，供电质量有待提升；业务办理不规范，供电服务水平不高；供电能力不足，网架结构薄弱；信息公开不及时、不规范；用户受电工程管理不规范，存在违法违规行为。针对存在的问题，《报告》给出了具体监管意见和整改措施。

下一步，国家能源局及其派出能源监管机构将督促相关供电企业对披露的问题进行整改落实，确保整改到位，推动供电能力、供电质量和供电服务水平持续提高。

（国家能源局网站：国家能源局发布《2016年7月—2017年3月供电监管报告》2017-08-18）

问：国家能源局对电力行业的监管内容都包括哪些？

第二部分　模块学习与引导

6.1　电力监管的基础知识

6.1.1　电力监管的内涵

监管一般指行政机关或者行政执法机构对行业内市场主体的行为进行

监督和管理的行为。监管的内容包括管制和监督两个部分。电力监管是指在以市场经济机制为基础的经济体制条件下，国家电力监管机构以规制和完善电力市场内在问题为目的，对电力行业的经济行为进行干预和规制的活动。

电力监管有非常重要的意义。电力行业作为关系国计民生的具有自然垄断属性的行业，要使其扬长避短就必须对其进行相应的监管。电力监管有助于维护电力市场的有效竞争，有助于对电力垄断行为进行抑制，有助于实现电力产业的社会性目标。

6.1.2 电力监管法

1. 电力监管法的概念

电力监管法是调整电力监管机构在对电力市场主体进行监督管理过程中形成的各种关系的法律规范的总称。

2. 电力监管法的调整对象

电力监管法的调整对象就是在电力监管过程中电力监管机构与电力企业形成的各种法律关系，包括电力市场准入监管、电价监管、电力商品或服务质量标准监管、电力工作场地安全监管、环境污染监管和电力合同条款监管等，还包括电力监管部门对电力市场交易行为的监督管理、竞争行为的监督与控制，对争议行为的调解和裁定，对违规行为的处罚等。

电力业务监管与电力行政管理的区别

3. 电力监管法的法律渊源

电力监管法律法规的法律渊源主要有1995年出台的《中华人民共和国电力法》，2003年出台的《电价改革方案》，2005年出台的《电力监管条例》《电力业务许可管理规定》《电力市场运营基本规则》《电力市场监管办法》，2008年出台的《发电企业与电网企业电费结算暂行办法》。

4. 电力监管的立法目的

《电力监管条例》第二条规定：“电力监管的任务是维护电力市场秩

序，依法保护电力投资者、经营者、合法者的合法权益和社会公共利益，保障电力系统安全稳定运行，促进电力事业健康发展。”电力监管应当依法进行，并遵循公开、公正和效率的原则。

2015年3月15日发布的《中共中央国务院关于进一步深化电力体制改革的若干意见》对电力监管提出了新要求，意见指出，要切实加强电力行业及相关领域科学监督。完善电力监管组织体系，创新监管措施和手段，有效开展电力交易、调度、供电服务和安全监管，加强电网公平接入、电网投资行为、成本及投资运行效率监管，切实保障新能源并网接入，促进节能减排，保障居民供电和电网安全可靠运行。加强和完善行业协会自律、协调、监督、服务的功能，充分发挥其在政府、用户和企业之间的桥梁纽带作用。

6.1.3　电力监管机构

根据《电力监管条例》第四条规定：“国务院电力监管机构依照本条例和国务院有关规定，履行电力监管和行政执法职能；国务院有关部门依照有关法律、行政法规和国务院有关规定，履行相关的监管职能和行政执法职能。”

目前对我国电力行业有监管职能的监管主体主要有：国家发展和改革委员会、国家能源局、国务院国有资产监督管理委员会。国家发展和改革委员会，属于国务院职能机构，负责综合研究拟订经济和社会发展政策，进行总量平衡，是指导总体经济体制改革的宏观调控部门。另外国家发展和改革委员会还承担微观经济监管机构的核心职能，如价格司不仅主导电力体制改革的核心内容，还负责审批发电公司、电网公司的电力销售价格。2008年设立的国家能源局，由发改委管理。国家能源局主要职责为：研究发展战略、分析能源发展趋势及国家对能源的需求；拟定指导计划、组织能源开发及规划能源布局；研究产业政策、起草法律法规、提出改革建议；对外合作管理、审核重大项目、掌握信息政策、衔接平衡企业发展与生产建设，指导地方发展。2013年3月，国务院机构改革，不保留国家电力监管委员会，将电监会与国家能源局的职责整合，重新组建的能源局由发改委管理。国务院国有资产监督管理委员会，代表国家履行出资人职责。国有资产监督管理委员会的监管范围是中央所属企业（不含金融类企业）的国有资产，其中包括负责行使国有电力企业所有者的管理职责，其职能有任命和撤销企业高管人员、批准重大决策等。

此外还有其他相关部门参与电力行业监管，如财政部，负责电力企业财务准则制定和财务成本标准的制定；生态环境部，负责评估电力项目的环境影响评价和监控电力企业的排污情况等；各级工业和信息化委员会，作为法定的电力行政主管部门，肩负地方工业监督和协调的职责。

6.1.4　电力监管的对象

《电力市场监管办法》第七条规定："电力市场监管的对象包括电力市场主体和电力调度交易机构。电力市场主体包括按照有关规定取得电力业务许可证的发电企业、输电企业、供电企业，以及经电力监管机构核准的用户。电力调度交易机构包括区域电力调度交易中心和省、自治区、直辖市电力调度机构。"前款所称供电企业包括独立配售电企业；前款所称区域电力调度交易中心包括区域电力调度中心、区域电力交易中心。发电厂有多种类型，由水力、火力、风力、太阳能、生物能、潮汐能发电等发电单位构成，是目前电力行业的主体部分，也是重要的监管对象。输电网是电力网络的主要结构，配电网是电力网络的细微组成部分；厂网分开后输电、配电网归属电网公司；售电网是电网公司的营销网络，也属电网公司。以上电力市场的经营主体都是电力监管的对象。

6.2　电力监管法律法规的主要内容

6.2.1　对发电企业的监管

除了《电力市场监管办法》第八条所列情况外，电力监管机构还对发电企业的下列情况实施监督：①在各电力市场中所占份额的比例；②新增装机、兼并、重组、股权变动或者租赁经营的情况；③不正当竞争、串通报价和违规交易行为；④执行调度指令的情况；⑤执行与用户签订的有关合同的情况。

6.2.2　对输电企业的监管

除了《电力市场监管办法》第八条所列情况外，电力监管机构还对输电企业的下列情况实施监管：①公平、无歧视开放电网和提供输电服务的情况；②电网互联的情况；③所属发电企业的发电情况；④执行输电价格的情况；⑤对有偿辅助服务补偿的情况。

6.2.3　对配电企业的监管

配电环节是在电力系统中直接与用户相连，并向用户分配电能的环节。配电系统由配电变电所、高压配电线路、配电变压器、低压配电线路以及相应的控制保护设备组成。

2016 年年底，国家发展改革委印发《省级电网输配电价定价办法（试行）》（以下简称《办法》），这是我国历史上第一个针对超大网络型自然垄断电网行业的定价办法，这也意味着目前我国对电网企业的监管进入制度化监管的新阶段。从《办法》的内容来看，最大的亮点就是明确将建立独立的输配电价体系。《办法》按照准许成本加合理收益的原则，既明确规定了折旧费、运行维护费、有效资产、准许收益率等指标的核定原则和具体标准，又明确规定了不得计入输配电价定价范围的成本费用、资产，还规定了分电压等级、分用户类别输配电价的计算办法；提出了妥善处理政策性交叉补贴的初步思路，通过对配电价格和收入的控制，弥补配电企业准许成本，并允许配电企业获得合理收益。为我国输配电透明定价指明了方向。

《电力市场监管办法》第八条

国家发展改革委于 2017 年年底印发的《关于制定地方电网和增量配电网配电价格的指导意见》还提出了监管配电业务的“最高限价法”和“标尺竞争法”等激励性监管方式。激励性的监管方式更能调动配电企业加强管理、降低成本的积极性，提高投资效率和管理水平。配电业务的具体监管办法由各省区自行制定。从目前的情况看，各省区的配电业务监管方式基本上以“准许成本加合理收益”为基础，部分省区也会借鉴激励性监管方式中的一些做法。对配电业务的监管主要是从配电业务的准入（退出）、投资、成本、价格、供电质量和服务质量等可能影响用户利益和社会福利的环节着手，采用的手段以核查相关信息、控制价格和收益为主，并不直接干预配电企业的自主经营。

6.2.4 对供电企业的监管

供电企业是电力监管机构重点监管的市场主体。电力监管机构制定了大量的行政法规来监管供电企业。在这个规则体系中以“电力法”作为基础，还包括《电力供应与使用条例》《供电营业区划及管理办法》及其补充规定，以及《供电营业规则》《供用电监督管理办法》《用电检查管理办法》《供电监管办法》等。根据相关的法律法规规定，电力监管机构监管供电公司在包括供电安全与质量、供电服务、供电价格、供用电合同、供电成本、信息公开、节能环保、电力需求侧管理等方面实施监管。

1. 供电营业区与电力业务许可证

供电营业区是指向用户供应并销售电能的地域，经国家核准的供电营业区是电网经营企业或者供电企业依法专营电力的地域。供电营业区的划分应当考虑电网的结构和供电合理性等因素，一个供电营业区内只设立一个供电营业机构。2018 年 12 月 29 日第十三届全国人民代表大会常务委员会第七次会议决定对《中华人民共和国电力法》作出修改。将第二十五条第三款修改为：“……供电营业区的设立、变更，由供电企业提出申请，电力管理部门依据职责和管理权限，会同同级有关部门审查批准后，发给《电力业务许可证》。供电营业区设立、变更的具体办法，由国务院电力管理部门制定。”

2. 对供电能力的监管

根据电力监管法律法规的规定，电力监管机构对供电企业的供电能力实施监管。供电能力是供电企业能长期、稳定、安全地向用户供出的最大负载能力。供电企业应当加强供电设施建设，具有能够满足其供电区域内用电需求的供电能力，保障供电设施的正常运行。电力监管机构对下列供电能力进行监管。

（1）电力监管机构对供电企业的供电质量实施监管

在电力系统正常的情况下，供电企业的供电质量应当符合下列规定：①向用户提供的电能质量符合国家标准或者电力行业标准；②城市地区年供电可靠率不低于99%，城市居民用户受电端电压合格率不低于95%，10千伏以上供电用户受电端电压合格率不低于98%；③农村地区年供电可靠率和农村居民用户受电端电压合格率符合派出机构的规定。派出机构有关农村地区年供电可靠率和农村居民用户受电端电压合格率的规定，应当报电力监管部门备案。

供电企业应当审核用电设施产生谐波、冲击负荷的情况，按照国家有关规定拒绝不符合规定的用电设施接入电网。用电设施产生谐波、冲击负荷影响供电质量或者干扰电力系统安全运行的，供电企业应当及时告知用户采取有效措施予以消除；用户不采取措施或者采取措施不力，产生的谐波、冲击负荷仍超过国家标准的，供电企业可以按照国家有关规定拒绝其接入电网或者中止供电。

电力业务许可证

（2）电力监管机构对供电企业设置电压监测点的情况实施监管

供电企业应当按照下列规定选择电压监测点：①35千伏专线供电用户和110千伏以上供电用户应当设置电压监测点；②35千伏非专线供电用户或者66千伏供电用户、10（6、20）千伏供电用户，每10000千瓦负荷选择具有代表性的用户设置1个以上电压监测点，所选用户应当包括对供电质量有较高要求的重要电力用户和变电站10（6、20）千伏母线所带具有代表性线路的末端用户；③低压供电用户，每百台配电变压器选择具有代表性的用户设置1个以上电压监测点，所选用户应当是重要电力用户和低压配电网的首末两端用户。

供电企业应当于每年3月31日前将上一年度设置电压监测点的情况报

送所在地派出机构。供电企业应当按照国家有关规定选择、安装、校验电压监测装置，监测和统计用户电压情况。监测数据和统计数据应当及时、真实、完整。

（3）电力监管机构对供电企业保障供电安全的情况实施监管

供电企业应当坚持安全第一、预防为主、综合治理的方针，遵守有关供电安全的法律、法规和规章，加强供电安全管理，建立、健全供电安全责任制度，完善安全供电条件，维护电力系统安全稳定运行，依法处置供电突发事件，保障电力稳定、可靠供应。供电企业应当按照国家有关规定加强重要电力用户安全供电管理，指导重要电力用户配置和使用自备应急电源，建立自备应急电源基础档案数据库。供电企业发现用电设施存在安全隐患，应当及时告知用户采取有效措施进行治理。用户应当按照国家有关规定消除用电设施安全隐患。用电设施存在严重威胁电力系统安全运行和人身安全的隐患，用户拒不治理的，供电企业可以按照国家有关规定对该用户中止供电。

3. 对供电服务的监管

电力监管机构对供电企业履行社会普遍服务义务的情况实施监管。供电企业应当严格按照法律法规规定的程序和要求提供供电服务。

（1）电力监管机构对供电企业办理用电业务的情况实施监管

供电企业办理用电业务的期限应当符合下列规定：①向用户提供供电方案的期限，自受理用户用电申请之日起，居民用户不超过 3 个工作日，其他低压供电用户不超过 8 个工作日，高压单电源供电用户不超过 20 个工作日，高压双电源供电用户不超过 45 个工作日；②对用户受电工程设计文件和有关资料审核的期限，自受理之日起，低压供电用户不超过 8 个工作日，高压供电用户不超过 20 个工作日；③对用户受电工程启动中间检查的期限，自接到用户申请之日起，低压供电用户不超过 3 个工作日，高压供电用户不超过 5 个工作日；④对用户受电工程启动竣工检验的期限，自接到用户受电装置竣工报告和检验申请之日起，低压供电用户不超过 5 个工作日，高压供电用户不超过 7 个工作日；前款第②项规定的受电工程设计，用户应当按照供电企业确定的供电方案进行。

（2）电力监管机构对供电企业向用户受电工程提供服务的情况实施监管

供电企业应当对用户受电工程建设提供必要的业务咨询和技术标准咨询；对用户受电工程进行中间检查和竣工检验，应当执行国家有关标准；发现用户受电设施存在故障隐患时，应当及时一次性书面告知用户并指导其予以消除；发现用户受电设施存在严重威胁电力系统安全运行和人身安全的隐患时，应当指导其立即消除，在隐患消除前不得送电。

（3）电力监管机构对供电企业实施停电、限电或者中止供电的情况进行监管

在电力系统正常的情况下，供电企业应当连续向用户供电。需要停电或者限电的，应当符合下列规定：①因供电设施计划检修需要停电的，供电企业应当提前 7 日公告停电区域、停电线路、停电时间；②因供电设施临时检修需要停电的，供电企业应当提前 24 小时公告停电区域、停电线路、停电时间；③因电网发生故障或者电力供需紧张等原因需要停电、限电的，供电企业应当按照所在地人民政府批准的有序用电方案或者事故应急处置方案执行。引起停电或者限电的原因消除后，供电企业应当尽快恢复正常供电。

供电企业对电力用户实施停电、限电、中止供电或者恢复供电，应当按照国家有关规定程序执行。

（4）电力监管机构对供电企业处理供电故障的情况实施监管

供电企业应当建立完善的报修服务制度，公开报修电话，保持电话畅通，24 小时受理供电故障报修。供电企业应当迅速组织人员处理供电故障，尽快恢复正常供电。供电企业工作人员到达现场抢修的时限，自接到报修之时起，城区范围不超过 60 分钟，农村地区不超过 120 分钟，边远、交通不便地区不超过 240 分钟。因天气、交通等特殊原因无法在规定时限内到达现场的，应当向用户做出解释。

（5）电力监管机构对供电企业履行紧急供电义务的情况实施监管

因抢险救灾、突发事件需要紧急供电时，供电企业应当及时提供电力供应。

(6) 电力监管机构对供电企业处理用电投诉的情况实施监管

供电企业应当建立用电投诉处理制度，公开投诉电话。对用户的投诉，供电企业应当自接到投诉之日起 10 个工作日内提出处理意见并答复用户。

(7) 电力监管机构对供电企业执行国家有关电力行政许可规定的情况实施监管

供电企业应当遵守国家有关供电营业区、供电业务许可、承装（修、试）电力设施许可和电工进网作业许可等规定。

4. 对供电价格的监管

供电与经济活动的主体——企业和老百姓息息相关，提升电价管理水平，对于增加供电企业收入、降低经营成本、增强发展能力具有非常重要的意义。根据《供电监管办法》等相关电力监管法律法规的规定，电力监管机构对供电企业执行国家规定的电价政策和收费标准的情况实施监管。供电企业应当严格执行国家电价政策，按照国家核准电价或者市场交易价，依据计量检定机构依法认可的用电计量装置的记录，向用户计收电费。供电企业不得自定电价，不得擅自变更电价，不得擅自在电费中加收或者代收国家政策规定以外的其他费用。供电企业不得自立项目或者自定标准收费；对国家已经明令取缔的收费项目，不得向用户收取费用。供电企业应用户要求对产权属于用户的电气设备提供有偿服务时，应当执行政府定价或者政府指导价。没有政府定价和政府指导价的，参照市场价格协商确定。

5. 对供用电合同的监管

供用电合同是《合同法》中规定的一种重要的有名合同。供用电合同是指供电公司与电力用户之间签订的电力供应与用电的协议。供用电合同是典型的格式合同，同时因为其合同标的物的特殊性而使合同的履行具有连续性。《合同法》第一百七十六条至第一百八十四条对供用电合同的内容即合同当事人的权利和义务做了一个基础性规定。供用电合同的内容包括供电的方式、质量、时间、用电容量、地址、性质、计量方式、电价，电费的结算方式及时间，双方的产权分界点，用电方的设备清单、接线图、供用电设施的维护责任等条款。为了加强对供用电合同的管理，电力监管法律法规对供用电合同的监管进行了更细化的规定，包括《供电监管办法》和《供电营业规则》等。

根据《供电监管办法》的规定，电力监管机构对供电企业签订供用电合同的情况实施监管。供电企业应当按照国家有关规定，遵循平等自愿、协商一致、诚实信用的原则，与用户、趸购转售电单位签订供用电合同，并按照合同约定供电。

6. 对供电成本的监督

电力监管机构对供电企业执行国家规定的成本规则的情况实施监管。供电企业应当按照国家有关成本的规定核算成本。

7. 对节能环保的监管

电力监管机构对供电企业执行国家有关节能减排和环境保护政策的情况实施监管。供电企业应当减少电能输送和供应环节的损失和浪费。供电企业应当严格执行政府有关部门依法做出的对淘汰企业、关停企业或者环境违法企业采取停限电措施的决定。未收到政府有关部门决定恢复送电的通知，供电企业不得擅自对政府有关部门责令限期整改的用户恢复送电。

8. 电力需求侧管理

电力监管机构对供电企业实施电力需求侧管理的情况实施监管。供电企业应当按照国家有关电力需求侧管理规定，采取有效措施，指导用户科学、合理和节约用电，提高电能使用效率。

6.2.5　对售电企业的监管

售电公司就是为客户提供购售电以及其他增值服务的一种营运机构。售电公司和目前的供电公司、电力公司具有相同的法律地位。我国的售电公司包含以下几种类型：①电网企业的售电公司；②社会资本投资增量配电网，拥有配电网运营权的售电公司；③独立的售电公司，不拥有配电网运营权，不承担保底供电服务。

什么是电力需求侧管理？

当前我国从事售电业务的公司主要是电网系企业。2015 年 3 月 15 日中共中央和国务院发布的《关于进一步深化电力体制改革的若干意见》(以下简称《意见》)明确提出，允许现有供电公司、大型发电公司、工程建设公司（节能服务公司)、大型工业园区、有条件的社会资本成立独立售电公司，进入售电侧业务领域。除了上述 5 类是竞争性售电主体，还有一类负责兜底售电服务的机构，主要由原来的供电公司转型而来，承担普遍服务责任，具有公共事业特征。《意见》还明确提出稳步推进售电侧改革，有序向社会资本放开售电业务。2015 年 11 月 30 日，新电改 6 个核心配套文件正式出台，其中售电侧改革文件《关于推进售电侧改革的实施意见》明确了电网公司的市场定位、售电公司的分类及业务、售电公司准入门槛、市场主体准入和退出条件，同时对市场化售电的交易方式、交易要求、交易价格，以及结算方式进行了详细说明。

2015 年 9 号文发布以来我国售电公司相关政策汇总及解读

6.2.6 对电力调度和交易机构的监管

1. 对电网调度的监管

电网调度是指电网调度机构为保障电网的安全、优质、经济运行，对电网运行进行的组织、指挥、指导和协调。电网运行实行统一调度、分级管理的原则。调度系统包括各级调度机构和电网内的发电厂、变电站的运行值班单位。调度机构分为五级：国家级调度机构，跨省、自治区、直辖市级调度机构，省、自治区、直辖市级调度机构，省辖市级调度机构，县级调度机构。电网调度机构是指负责电力系统运行的组织、指挥、指导和协调的单位。

《电网调度管理条例》规定，电网调度管理的任务是组织、指挥、指导和协调电网的运行，保证实现下列基本要求：①充分发挥本电网内发、供电设备能力，以有计划地满足本网的用电需要；②使电网按照有关规定连续、稳定、正常运行，保证供电可靠性；③使电网供电的质量（频率、电压和谐波分量等）指标符合国家规定的标准；④根据本电网的实际情况，充分合理利用一次能源，使全电网在供电成本最低或者发电能源消耗率及网损率最小的条件下运行；⑤按照有关合同或者协议，保护发电、供电、用电等各有关方面的合法权益。

根据《电网调度管理条例实施办法》电网调度机构一般应当进行下列主要工作：①组织编制和执行电网的调度计划（运行方式）；②指挥调度管辖范围内的设备的操作；③指挥电网的频率调整和电压调整；④指挥电网事故的处理，负责进行电网事故分析，制定并组织实施提高电网安全运行水平的措施；⑤编制调度管辖范围内设备的检修进度表，批准其按计划进行检修；⑥负责本调度机构管辖的继电保护和安全自动装置以及电力通信和电网调度自动化设备的运行管理；负责对下级调度机构管辖的上述设备和装置的配置和运行进行技术指导；⑦组织电力通信和电网调度自动化规划的编制工作，组织继电保护及安全自动装置规划的编制工作；⑧参与电网规划编制工作，参与电网工程设计审查工作；⑨参加编制发电、供电计划，监督发电、供电计划执行情况，严格控制按计划指标发电、用电；⑩负责指挥全电网的经济运行；⑪组织调度系统有关人员的业务培训；⑫统一协调水电厂水库的合理运用；⑬协调有关所辖电网运行的其他关系。

除了《电力市场监管办法》第八条所列情况外，根据第十二条的规定，电力监管机构还对电力调度交易机构的下列情况实施监管：①公开、公平、公正地实施电力调度的情况；②执行电力调度规则的情况；③按照电力市场运营规则组织电力市场交易的情况；④对电力市场实施干预的情况；⑤对电力市场技术支持系统的建设、维护、运营和管理的情况；⑥执行市场限价的情况。

2. 对电力交易机构的监管

电力交易机构不以营利为目的，在政府监管下为市场主体提供规范、公开、透明的电力交易服务。交易机构主要负责市场交易平台的建设、运营和管理；负责市场交易组织实施；提供结算依据和相关服务，汇总电力用户与发电企业自主签订的双边合同；负责市场主体注册和相应管理，披露和发布市场信息等。

相关法律法规和政策文件对电力交易机构监管的内容有如下规定：①市场监管。有效的市场监管，是建立规范运行的电力交易机构体系的重要保障。能源监管机构，政府有关部门依法依规对交易机构实施监管。为维护市场秩序，交易机构按授权对市场主体和相关从业人员违反交易规定、扰乱交易秩序等违规行为进行查处和报告。②外部审计。试点交易机构应依法依规建立完善的财务管理制度，按年度经具有证券、期货相关业务资格的会计师事务所进行外部财务审计，财务审计报告应向社会发布。③业务稽核。第三方机构对电力交易开展情况进行业务稽核，对于强化交易机构的内控机制、促进交易平台的规范运行和防范风险具有十分重要的现实意义。可根据实际需要，聘请第三方机构对交易开展情况进行业务稽核，并提出完善规则等相关建议。

电力交易机构与调度机构的关系：交易机构主要负责市场交易组织，调度机构主要负责实时平衡和系统安全。

6.2.7 信息披露制度

根据《电力企业信息披露规定》第五条规定，从事发电业务的企业应当向电力调度交易机构披露下列信息：①发电机组基础参数；②新增或者退役发电机组、装机容量；③机组运行检修情况；④机组设备改造情况；⑤火电厂燃料情况或者水电厂来水情况；⑥电力市场运行规则要求披露的信息；⑦电力监管机构要求披露的其他信息。

第六条规定，从事输电业务的企业应当向从事发电业务的企业披露下列信息：①输电网结构情况，输电线路和变电站规划、建设、投产的情况；②电网内发电装机情况；③网内负荷和大用户负荷的情况；④电力供需情况；⑤主要输电通道的构成和关键断面的输电能力，网内发电厂送出线的输电能力；⑥输变电设备检修计划和检修执行情况；⑦电力安全生产情况；⑧输电损耗情况；⑨国家批准的输电电价；跨区域、跨省（自治区、直辖市）电能交易输电电价；大用户直购电输配电价；国家批准的收费标准；⑩发电机组、直接供电用户并网接入情况，电网互联情况；⑪电力监管机构要求披露的其他信息。

第七条规定，从事供电业务的企业应当向电力用户披露下列信息：①国家规定的供电质量标准；②国家批准的配电电价、销售电价和收费标准；③用电业务的办理程序；④停电、限电和事故抢修处理情况；⑤用电投诉处理情况；⑥电力监管机构要求披露的其他信息。

第八条规定，电力调度交易机构应当向从事发电业务的企业披露下列信息：①电网结构情况，并网运行机组技术性能等基础资料，新建或者改建发电设备、输电设备投产运行情况；②电网安全运行的主要约束条件，电网重要运行方式的变化情况；③发电设备、重要输变电设备的检修计划和执行情况；④年度电力电量需求预测和电网中长期运行方式，电网年度分月负荷预测；电网总发电量、最高最低负荷和负荷变化情况；年、季、月发电量计划安排和执行情况；⑤跨区域、跨省（自治区、直辖市）电力电量交换情况；⑥并网发电厂机组的上网电量、年度合同电量和其他电量完成情况，发电利用小时数；实行峰谷分时电价的，各机组峰、谷、平段发电量情况；⑦并网发电厂执行调度指令、调度纪律情况，发电机组非计划停运情况，提供调峰、调频、无功调节、备用等辅助服务的情况；⑧并网发电厂运行考核情况，考核所得电量、资金的使用情况；⑨电力市场运行规则要求披露的有关信息；⑩电力监管机构要求披露的其他信息。

第九条规定：“电力监管机构根据监管工作的需要适时调整电力企业、电力调度交易机构披露信息的范围和内容。”

【模块小结】

本章阐述的主题是电力监管法律法规。电力行业由于其垄断的属性使得政府对行业的监管一直都比较严格，本章从电力监管的基本概念以及电力监管法的基本概念入手，全方位地介绍了国家对电力行业监管的法律制度。总体来说，这一类的法律法规的数量有限，更多的是电力监管机构出台的文件和政策，这些文件和政策显示了国家对电力行业监管的基本理念和原则，也具有重要的意义。但是客观地说，电力监管法的法律体系还不完整，完善电力监管相关法律法规是一项艰巨的任务。

第三部分　知识巩固

一、不定项选择题

1. 根据电力法律法规规定，供电营业区内的供电机构对本营业区内的用户有按照国家规定（　　）。

A. 供电的义务　　B. 拒绝供电的权利

C. 选择申请用电的单位　　D. 选择申请用电的个人

2. 根据电力法律法规规定，电价包括以下哪几项内容：（　　）

A. 电力生产企业的上网电价　　B. 电网间的互供电价

C. 电网销售电价　　D. 以上内容都不对

3. 电力监管应当遵循的原则有：（　　）

A. 公开原则　　B. 公正原则

C. 公平原则　　D. 效率原则

4. 电力市场监管的对象包括：（　　）

A. 发电企业　　B. 供电企业

C. 输电企业　　D. 电力调度交易机构

5. 根据《供电监管办法》规定，给用户装表接电的期限自受电装置检验合格，并办结相关手续之日起，居民用户不超过（　　）个工作日，其他低压供电用户不超过（　　）个工作日，高压供电用户不超过（　　）个工作日。

A. 7；5；3　　B. 3；7；5

C. 3；5；7　　D. 8；20；45

二、简答题

1. 供电企业应该公平、无歧视地参与市场竞争。供电企业不得从事哪些行为破坏市场竞争？

2. 供电设施的运行、维护、管理范围按产权归属确定，根据相关法律法规规定，谈一下产权分界点的划分。

模块七　反垄断法与电力企业

【学习目标】

知识目标：能够描述反垄断法的概念、立法宗旨和适用范围；能够列举出反垄断法所规定的三种垄断行为，能够解释为什么这些行为具有危害性；能够解释电力企业自然垄断的属性以及法律对该属性的规制态度。

能力目标：能够分析和评论电力企业的垄断行为。

第一部分　案例与分析

近日，某省所有发电企业几乎都被卷入了一宗反垄断案件中。在案件听证会上，涉嫌签订价格垄断协议的行业协会和企业以《中华人民共和国反垄断法》不适用于电力市场以及经济不景气等理由进行申辩，并提出电力体制改革应该允许“试错”。但执法机关认为，涉案当事人有效实施了垄断协议，违反了法律相关规定，理应实施行政处罚。

当年4月，该省电力行业协会、国电某分公司等火电企业共计25名当事人被该省价格监督检查与反垄断局下发了行政处罚事先告知书。执法机构在告知书中对这些机构和企业提出了行政处罚意见建议，拟对当事人进行共计逾1.3亿元罚款。

案件要追溯至2016年1月24日，当时，该省电力行业协会组织部分火电企业召开了火电企业大用户直供座谈会。会上，9家电力集团、15家独立发电厂签字通过《某省火电企业防止恶意竞争保障行业健康可持续发展公约》(以下简称《公约》),并根据该公约第五条:“根据市场情况,各大发电集团及发电企业,按照成本加微利的原则,测算大用户直供最低交易报价,省电力行协加权平均后公布执行”,约定了2016年第二批直供电交易报价较上网标杆电价降幅不高于0.02元/千瓦时。

实际上,该省从2013年起作为试点省份开始大用户直供电交易,这被业内认为是推动全国电力市场化改革的突破口,随后该省大用户直供电交易量逐年增加。

在该省乃至全国电力体制改革的背景下,这是第一例具有影响力的电力价格垄断案件。基于用电企业举报,执法机关经调查后认为,多项证据显示涉案单位按约定价格实施了垄断协议,交易量约250亿千瓦时(占第二批交易总量的85%以上),交易额近80亿元。

行政处罚事先告知书下发后,该省电力行业协会、某能源有限公司等19家单位对拟作出的行政处罚存在异议,并提出听证申请。听证会上,涉案单位和执法机关展开了激烈辩论。

该省电力行业协会与多家企业及其代表律师提出了多项申辩,主要理由是《公约》虽然签字但仍在修改中,并未正式印发生效,不应认为实施;电力市场是非完全市场,而不是《反垄断法》规定的完全自由市场;该省经济处于下行期,火电企业目前面临的困难非常大,产能严重过剩;其他省份也存在类似情况,电力市场各类主体在改革探索阶段面临复杂性和艰巨性,所以应该允许试错等。

而执法机关则认为,没有印发《公约》并不影响垄断协议的达成,垄断协议的达成和实施,不仅看目的,更要看行动以及行动的后果,本案当事人按照约定的价格幅度进行交易,有效实施了垄断协议。而电力行业协会组织企业约定直供电交易价格,属于组织本行业的经营者达成价格垄断协议。这些都违反了《反垄断法》相关规定。

该省电力行业协会提出“该省火电企业产能严重过剩、利用小时大幅度下滑达到了历史最低水平”,其规定让利幅度的做法符合《反垄断法》相关的豁免规定。对此,有专家指出,竞争者之间因经济不景气,为缓解销量下降或生产过剩而达成的垄断协议俗称“危机卡特尔”，同其他类型的垄断协议一样，“危机卡特尔”扭曲竞争、推高价格，但并不能从根本上解决周期性和结构性生产过剩，不符合我国去产能、供给侧改革、实体企业降成本的宗旨要义。

专业律师也指出，涉案行业协会及企业若基于《反垄断法》第十五条主张豁免，还要证明其协议不会严重限制相关市场的竞争，并能够使消费者分享由此产生的利益。如果根据协议完成的交易占比较高，则通常很难证明该协议没有严重限制相关市场的竞争。从全球反垄断实践经验看，对价格垄断协议的豁免应格外审慎，否则企业将习惯于从事此类活动，继而在国内外市场上面临更大的反垄断风险，从长远看将非常不利于我国企业“走出去”参与国际竞争。

对于涉案当事人提出的产能过剩以及《反垄断法》不适用于电力市场等申辩理由，有关专家说，我国推进去产能和供给侧结构改革是遵循市场经济规律的主动作为，要求充分发挥市场机制的基础作用和更好发挥政府引导作用，用法治化和市场化手段化解过剩产能。企业不应将去产能理解为具有竞争关系的企业之间可以联合限价而不受《反垄断法》约束。《反垄断法》是企业参与市场竞争的“经济宪法”，该法对各行业、各所有制经营者的市场行为一视同仁。对于引入竞争的发电和售电环节，《反垄断法》的适用并无任何例外。

问：该省电力行业协会的行为危害了谁的利益?

第二部分　模块学习与引导

7.1　反垄断法的基础知识

7.1.1　垄断的概念和立法宗旨

垄断是经济学上的概念，在我国古代也有“垄断”的概念，原指站在市集的高地上操纵贸易，后来泛指把持和独占。在西方经济学里垄断又意为独占。但经济学上的垄断概念与法律上的垄断概念已经具有不同的内涵。《中华人民共和国反垄断法》（以下简称《反垄断法》）调整的是垄断行为，而不是垄断，法律中给垄断行为下的定义是：垄断行为是指排除、限制竞争以及可能排除、限制竞争的行为。

《反垄断法》是一部为了预防和制止垄断行为，保护市场公平竞争，提高经济运行效率，维护消费者利益和社会公共利益，促进社会主义市场经济健康发展而制定的法律。《反垄断法》反"垄断行为"，不反"垄断"。其立法宗旨为反对利用垄断地位实施的"垄断行为"，对于经由市场竞争形成的"垄断"，法律并不天然反对，某种程度上还予以保护，以降低社会成本，但以相关规则规范其行为，防止垄断行为的出现。

7.1.2　反垄断法的适用范围

根据《反垄断法》及其相关司法解释的规定，《反垄断法》的适用范围包括：①中华人民共和国境内经济活动中的垄断行为，适用本法；②中华人民共和国境外的垄断行为，对境内市场竞争产生排除、限制影响的，适用本法。③经营者依照有关知识产权的法律、行政法规规定行使知识产权的行为，不适用本法。但是，经营者滥用知识产权，排除、限制竞争的行为，适用本法。④农业生产者及农村经济组织在农产品生产、加工、销售、运输、储存等经营活动中实施的联合或者协同行为，不适用本法。⑤对于铁路、石油、电信、电网、烟草等重点行业，国家通过立法赋予其垄断性经营权。国有垄断企业从事垄断协议、滥用市场支配地位行为，或者从事可能排除、限制竞争的经营者集中行为，同样适用《反垄断法》。

7.1.3　反垄断法的基本原则

根据《反垄断法》第一章总则的相关规定，《反垄断法》的基本原则可以概括为：

1. 健全统一、开放、竞争、有序的市场体系的原则

《反垄断法》的出台，使其与《中华人民共和国反不正当竞争法》一同构筑起我国竞争法体系的骨架，形成了与社会主义市场经济相适应的竞

争规则。

2. 保护经济自由权与监管和调控相结合的原则

《反垄断法》抑制垄断并不消灭垄断，它承认并保护经营者的经济自由权，允许经营者通过公平竞争、自愿联合，依法实施集中、扩大经营规模，提高市场竞争能力。同时为建立健全统一、开放、竞争、有序的市场体系而监管和调控经营者的反竞争（如垄断协议、恶意并购、限制竞争等）行为。

7.1.4 反垄断法的调整对象

根据《反垄断法》第三条的规定，本法规定的垄断行为包括：

1. 经营者达成垄断协议

垄断协议也称限制竞争协议、联合限制竞争行为，是指两个或两个以上经营者排除、限制竞争的协议、决定或者其他协同行为。根据参与垄断协议的经营者之间是否具有竞争关系，可将垄断协议分为横向垄断协议和纵向垄断协议。横向垄断协议是指具有竞争关系的经营者达成的联合限制竞争协议，如生产相同产品的经营者达成的固定产品价格的协议。纵向垄断协议是指同一产业中处于不同市场环节，而具有买卖关系的企业通过共谋达成的联合限制竞争协议，如产品生产商与销售商之间关于限制转售价格的协议。从我国执法体制的角度，垄断协议还可分为价格垄断协议和非价格垄断协议。经营者达成固定价格、划分市场、限制数量等内容的垄断协议，旨在避免竞争风险，实施市场垄断，牟取不正当利益，是对竞争最直接的破坏。

经营者达成垄断协议的行为是《反垄断法》重点规制的对象之一，但在有些情形下，经营者之间的联合有利于防止竞争过度，有利于技术进步和效率的提高，从而得到法律的豁免。根据《反垄断法》第十五条的规定，经营者能够证明所达成的协议不会严重限制相关市场的竞争的、属于下列情形之一的行为可以不受法律的限制：①为改进技术、研究开发新产品的；②为提高产品质量、降低成本、增进效率，统一产品规格、标准或者实行专业化分工的；③为提高中小经营者经营效率，增强中小经营者竞争力的；④为实现节约能源、保护环境、救灾救助等社会公共利益的；⑤因经济不景气，为缓解销售量严重下降或者生产明显过剩的；⑥为保障对外贸易和对外经济合作中的正当利益的；⑦法律和国务院规定的其他情形。属于前款第一项至第五项情形，经营者还应当证明所达成的协议不会严重限制相关市场的竞争，并且能够使消费者分享由此产生的利益。

对行业协会组织达成和实施垄断协议的行为，《反垄断法》也进行了规制。《反垄断法》要求行业协会加强行业自律，引导本行业的经营者依法竞争，维护市场竞争秩序，禁止行业协会组织本行业的经营者订立或者实施反垄断法所禁止的垄断协议。行业协会是以行业共同利益为目的，由相同或者相近行业的经营者在自愿基础上依法实行行业服务和自律管理的非营利性社会团体法人。虽然行业协会不属于经营者，但它是同行经营者的共同体，在组织协调本行业经营者方面具有先天优势，因此成为反垄断法的关注对象。

2. 经营者滥用市场支配地位

根据《反垄断法》的相关规定，市场支配地位是指经营者在相关市场内具有能够控制商品价格、数量或者其他交易条件，或者能够阻碍、影响其他经营者进入相关市场能力的市场地位。

滥用市场支配地位的行为的表现形式有：①以不公平的高价销售商品或者以不公平的低价购买商品；②没有正当理由，以低于成本的价格销售商品；③没有正当理由，拒绝与交易相对人进行交易；④没有正当理由，限定交易相对人只能与其进行交易或者只能与其指定的经营者进行交易；⑤没有正当理由搭售商品，或者在交易时附加其他不合理的交易条件；⑥没有正当理由，对条件相同的交易相对人在交易价格等交易条件上实行差别待遇；⑦国务院反垄断执法机构认定的其他滥用市场支配地位的行为。《反垄断法》第十八条和第十九条还规定了认定和推定为滥用市场支配地位的标准。

滥用市场支配地位的行为与电力企业密切相关的法条

3. 具有或者可能具有排除、限制竞争效果的经营者集中

经营者集中是指经营者之间通过合并取得股份或者资产、委托经营或联营以及人事兼任等方式形成的控制与被控制状态。一定规模的经营者集中可能改变市场结构，进而妨碍市场竞争，损害消费者利益。经营者集中主要包括以下三种情形：①经营者合并；②经营者通过取得股权或者资产的方式取得对其他经营者的控制权；③经营者通过合同等方式取得对其他经营者的控制权或者能够对其他经营者施加决定性影响。经营者集中达到国务院规定的申报标准的，经营者应当事先向国务院反垄断执法机构申报，未申报的不得实施集中。

4. 滥用行政权力排除、限制竞争行为

滥用行政权力排除、限制竞争，即所谓行政性垄断，是指行政机关和法律、法规授权的具有管理公共事务职能的组织滥用行政权力，排除、限制竞争的行为。我国《反垄断法》规定了如下情形：①行政机关和法律、法规授权的具有管理公共事务职能的组织不得滥用行政权力，限定或者变相限定单位或者个人经营、购买、使用其指定的经营者提供的商品。②行政机关和法律、法规授权的具有管理公共事务职能的组织不得滥用行政权力，实施相关行为，妨碍商品在地区之间的自由流通。③行政机关和法律、法规授权的具有管理公共事务职能的组织不得滥用行政权力，以设定歧视性资质要求、评审标准或者不依法发布信息等方式，排斥或者限制外地经营者参加本地的招标投标活动。④行政机关和法律、法规授权的具有管理公共事务职能的组织不得滥用行政权力，采取与本地经营者不平等待遇等方式，排斥或者限制外地经营者在本地投资或者设立分支机构。⑤行政机关和法律、法规授权的具有管理公共事务职能的组织不得滥用行政权力，强制经营者从事本法规定的垄断行为。⑥行政机关不得滥用行政权力，制定含有排除、限制竞争内容的规定。反垄断执法机构依法对涉嫌垄断行为进行调查。

7.2　电力企业与《反垄断法》的关系

电力行业是包括电力生产和经营的行业，它通过消耗煤炭、石油等一

次性能源和水、风等可再生能源及核能等获取电能这种优质的二次能源，并实现将电能供应给广大电力用户的能源转换和加工产业。电力行业具有以下几方面的特点：①它是经济的基础产业。②电力的生产、输、配、消费环节都是通过电力网络同时完成的，电力行业具有很强的关联性。③电力行业具有很强的规模性。④电力行业是技术和资金密集型行业。从电力行业的特点可以看出，电力行业具有明显的规模经济性、固定资本沉没性。因此长期以来世界各国都将电力行业归入自然垄断行业。各国通过监管制度对电力行业的垄断行为进行限制，保护公众利益不受损害。

随着经济的发展与科学技术的进步，不仅弱化了市场进入的壁垒，而且在很大程度上改变了电力行业的技术特征，使其规模经济性发生了变化。从新的自然垄断概念上看，组成电力行业的发电、输电、配电、售电四部分，发电、售电业务存在引入竞争的可能性，属于非自然垄断业务领域，输电业务具有自然垄断的特点，属于自然垄断业务领域，配电业务虽然具有一定的自然垄断性，但是同时具有一定的竞争性，自然垄断属性较弱。随着竞争制度引入电力行业，世界各国如德国、日本等的反垄断法纷纷废除了原来对电力行业的豁免适用的规定，对电力行业采用“一般适用，例外豁免”的规制原则。

我国的《反垄断法》第七条规定：“国有经济占控制地位的关系国民经济命脉和国家安全的行业以及依法实行专营专卖的行业，国家对其经营者的合法经营活动予以保护，并对经营者的经营行为及其商品和服务的价格依法实施监管和调控，维护消费者利益，促进技术进步。”从字面上看，第七条规定对国有经济占控制地位的关系国民经济命脉和国家安全的行业以及依法实行专营专卖的行业，一方面要对其合法经营进行保护，一方面要对其进行控制。电力行业作为国民经济的基础产业，具有一定的自然垄断属性，本身的特性决定了电力行业属于关系国民经济命脉和国家安全的行业，因此国家对电力行业的垄断行为采取的是国际上通行的“一般适用，例外豁免”原则。

问：供电公司要求用户提前预存电费是不是一种垄断行为？

7.3　反垄断机构

以《反垄断法》为依据，反垄断执法机构显然拥有对电力行业的管辖权，但是我国《反垄断法》并没有设立一个统一的反垄断机构。根据《反垄断法》第十条的规定：“国务院规定的承担反垄断执法职责的机构（以下统称国务院反垄断执法机构）依照本法规定，负责反垄断执法工作。国务院反垄断执法机构根据工作需要，可以授权省、自治区、直辖市人民政府相应的机构，依照本法规定负责有关反垄断执法工作。”

《反垄断法》与《反不正当竞争法》

【模块小结】

本章扼要地阐述了《反垄断法》的基本理论，包括垄断行为的概念、《反垄断法》的立法宗旨、《反垄断法》的调整对象等内容。值得我们深思的是作为传统意义上的自然垄断行业——电力行业的发展变化导致了适用法律的变化。从现实的案例看，我国对电力行业竞争行为的管理倾向于采用“一般适用，例外豁免”的原则，这也要求我们要改变传统的法律观念，使得参与市场竞争的行为具有合法性。

第三部分　知识巩固

一、不定项选择题

1. 依据《反垄断法》的规定，下列属于垄断行为的是：（　　）

A. 经营者利用市场支配地位　　B. 经营者达成垄断协议

C. 经营者集中　　D. 政府利用行政权力宏观调控

2. 根据《反垄断法》的规定，下列不属于经营者集中情形的是：（　　）

A. 经营者通过取得资产的方式，取得对其他经营者的表决权

B. 经营者通过合同等方式，能够对其他经营者施加影响

C. 经营者合并

D. 经营者联合抵制交易

3. 关于市场支配地位，下列说法哪些是正确的？(　　)

A. 有市场支配地位而无滥用该地位的行为者，不为《反垄断法》所禁止

B. 市场支配地位的认定，只考虑经营者在相关市场的市场份额

C. 其他经营者进入相关市场的难易度，不影响市场支配地位的认定

D. 一个经营者在相关市场的市场份额达到1/2的，推定为有市场支配地位

4. 行政机关滥用行政权力，实施对外地商品设定歧视性收费项目，实行歧视性收费标准，按商品在地区之间自由流通的行为是：(　　)

A. 滥用行政权力，排除限制竞争的行为

B. 宏观调控行为

C. 经营者集中行为

D. 滥用市场支配者地位行为

5. 下列不是垄断协议的是：(　　)

A. 甲超市和乙超市约定：前者占北京市场，后者占天津市场

B. 因为价格问题，甲、乙两家汽车厂口头约定都不购买丙钢铁公司的钢材

C. 甲药厂和乙医药连锁超市约定：后者出售前者的某种专利药品，只能按某价格出售

D. 甲药厂和乙医药连锁超市约定：后者出售前者的某种专利药品最高按某价格出售

E. 乙医药连锁超市和甲药厂约定：前者只按照最低价格从后者进货

二、简答题

简述《反垄断法》所规制的垄断行为的表现形式。

三、案例分析题

2018年9月3日，某饮料公司宣布，计划以现金收购某果汁集团有限公司。某饮料公司建议收购要约为每股12.20港元，并等价收购已发行的

可换股债券及期权。某饮料公司现已取得某果汁集团三个股东签署的接受要约，不可撤销承诺，三个股东总共拥有某果汁集团66%的股份。某果汁集团有限公司于2007年2月在中国香港上市，拥有某果汁（品牌）在中国的全部业务。据媒体援引市场调研公司的数据，某果汁在中国纯果汁市场占有46%的市场份额，中浓度果汁也占到39.8%的市场份额，是毫无争议的行业龙头。某饮料公司旗下的果汁子品牌占有25.3%的市场份额，位居第二。两者若合并，某饮料公司将占市场份额70%以上，但对其他同行业企业形成很大的竞争压力。问：①某饮料公司的收购行为涉及哪些法律问题？②按照我国《反垄断法》的规定，反垄断执法机构应做何处理，为什么？

模块八　与电有关的刑事法律制度

【学习目标】

知识目标：能够列举出几种与电有关的犯罪行为；能够根据案件的情节和法律规定判断所犯罪名。

能力目标：能够区分不同的犯罪行为，对法律责任有比较正确的判断。

第一部分　案例与分析

2015 年 5 月 14 日凌晨 1 时左右，某供电公司保卫稽查队与当地派出所在某石渣厂抓获正在利用高科技偷电的厂电工，当场查出厂电工利用高科技进行窃电的遥控器，并在该厂计量箱后发现该遥控器的接收装置。厂电工利用遥控器控制电表计数器正转、倒转，作案手法隐蔽，难以发现。经公安机关介入调查后，嫌疑人交代了犯罪事实及经过。公安机关已将涉案人员抓获归案，并经法院判决，追回了供电公司的相关损失。

第二部分　模块学习与引导

8.1　盗窃罪

8.1.1　盗窃的犯罪构成

盗窃罪概念：根据《中华人民共和国刑法》第二百六十四条的规定，以非法占有为目的，秘密窃取公私财物数额较大或者多次盗窃公私财物的行为，构成盗窃罪。

构成要件主要包括以下方面：①客体要件：盗窃罪侵犯的客体是公私财物的所有权。盗窃的公私财物，既包括有形的货币、金银首饰等财物，也包括电力、煤气、天然气等无形的财产。②客观要件：客观上表现为行为人有窃取数额较大的公私财物或者多次窃取公私财物的行为。③主体要件：本罪主体是一般主体，凡达到刑事责任年龄（16 周岁）且具备刑事责任能力的人均能构成。④主观要件：本罪在主观方面表现为直接故意，且是非法占有的目的。

8.1.2　窃电

1. 窃电的概念

窃电是指以非法占用电能，不交或者少交电费为目的，采用非法手段不计量或者少计量用电的行为。根据《供电营业规则》第一百零一条规定，窃电行为包括：①在供电企业的供电设施上，擅自接线用电；②绕越供电企业用电计量装置用电；③伪造或者开启供电企业加封的用电计量装置封印用电；④故意损坏供电企业用电计量装置；⑤故意使供电企业用电计量装置不准或者失效；⑥采用其他方法窃电。

2. 我国法律法规对窃电的相关规定

我国《刑法》中并未对窃电的行为作明确的规定。但是“电力法”第七十一条规定，盗窃电能构成犯罪的，依照《刑法》有关规定追究刑事责任。《供电营业规则》第一百零二条也规定，窃电数额较大或者情节严重的，供电企业应提请司法机关依法追究刑事责任。在 1997 年 11 月 4 日最高人民法院颁布的司法解释中，明确了盗窃的公私财物中包括电力煤气、天然气等，明确将电能作为盗窃罪的犯罪对象。

2013 年 3 月 8 日最高人民法院审判委员会第 1571 次会议、2013 年 3 月 18 日最高人民检察院第十二届检察委员会第 1 次会议通过的《最高人民法院、最高人民检察院关于办理盗窃刑事案件适用法律若干问题的解释》第四条规定的有关盗窃的数额的认定方法中提出，按照下列方法认定窃电的数量：盗窃电力、燃气、自来水等财物，盗窃数量能够查实的，按照查实的数量计算盗窃数额；盗窃数量无法查实的，以盗窃前六个月月均正常用量减去盗窃后计量仪表显示的月均用量推算盗窃数额；盗窃前正常使用不足六个月的，按照正常使用期间的月均用量减去盗窃后计量仪表显示的月均用量推算盗窃数额。

3. 单位窃电

单位窃电可以理解为单位为谋取不正当利益，以非法占有为目的，经单位集体研究决定或由负责人代表单位决定实施的窃取电能数额较大或者多次窃取电能的行为。单位窃电相比个人窃电，其涉案金额和影响往往比较巨大，查禁单位窃电更是反窃电的重点。现行《刑法》对单位窃电犯罪作出了明确的规定，也具体列明了对单位犯罪的处罚原则。根据自 2013 年 4 月 4 日起施行的《最高人民法院、最高人民检察院关于办理盗窃刑事案件适用法律若干问题的解释》第十三条规定：“单位组织、指使盗窃，符合刑法第二百六十四条及本解释有关规定的，以盗窃罪追究组织者、指使者、直接实施者的刑事责任。”在司法实践中针对单位窃电犯罪主要采取对直接负责的主管人员和其他主要的直接责任人员处以刑罚的方式。

4. 窃电手段的新变化

窃电行为随着科技进步呈现出新的规律。一是窃电方式趋于隐蔽化：窃电方式已经由原来的跨接计量装置开启铅封修改表计等明显行为发展成为反送无功谐波移相平衡等合法又隐蔽的难以认定的窃电行为。二是窃电技术趋于专业化：很多电力专业制造企业专门生产具备窃电功能的设备。

三是窃电主体趋于多元化。

目前对于窃电行为的查处主要由供电企业负责，供电企业花费很多的人力、物力、财力对窃电行为进行查处，但是供电企业的职权也只是限于依据供用电合同对窃电者进行追补电费和收取违约金的处理。公安机关对于窃电案件不会主动介入调查，只有在供电企业发现无法补缴电费和收取违约金时才会报案要求公安机关调查窃电行为。但是由于窃电行为的法律制度不健全，导致窃电数额难以准确计算，很多窃电行为都没有按刑事犯罪来进行处罚。处罚力度不够，导致窃电者不能受到应有的处罚，也无法对社会起到警示作用。所以窃电行为一直都广泛存在。

8.2　破坏电力设备罪

案例链接：日前，某市中级人民法院一审以破坏电力设备罪和盗窃罪分别判处被告人刘某、李某死刑，杨某无期徒刑，陈某有期徒刑 5 年。收购赃物的被告人刘某已构成收购赃物罪，判处有期徒刑一年缓刑两年。据悉，因破坏电力设施被判处死刑，在该市尚属首例。去年 10 月以来，该市某县农村配电设施频频遭受破坏，特别是 11 月中下旬进入枯水期以后，破坏活动更为猖獗，严重影响了该县社会生活、生产秩序和电网安全运行，供电企业直接经济损失 65 万余元。县供电局随后向警方报案。12 月 7 日，县公安局成立了专案组展开侦查。12 月 27 日凌晨，巡守民警开着车沿威（远）连（界）公路方向查看路边变压器。1 时左右，民警在铁钱沟附近路边发现一辆出租车，又发现靠公路右侧一台变压器不见了。县公安局副局长接到报告立即同刑警中队长赶往变压器失窃地点。犯罪嫌疑人逃脱，但缴获了用麻袋装着的变压器铁芯和作案工具。刑警立即审讯被挡获的出租车司机，出租车司机陈某供认，该团伙主要由杨某、李某、刘某三人实施盗窃，从 2004 年 10 月 27 日开始，自己共参与作案 20 多起，主要任务是送人、接物，每次作案获得人民币 150 元。在当地警方协助下，民警于 2004 年 12 月 29 日晚在一茶房内将正在赌钱的嫌疑人杨某抓获。次年 1 月 3 日，负责收购赃物的犯罪嫌疑人刘某在资中被抓获，另一犯罪嫌疑人刘某与李某、情妇小菲（化名）三人逃到江苏苏州，1 月 7 日，民警直奔苏州，在当地警方协助下在李某妹夫家将李某抓获。9 日下午，警方在苏州市吴中区某美容美发厅将小菲抓获。14 日，李某、小菲被押解回某县，但主要犯罪嫌疑人之一的刘某闻讯脱逃。经审讯，杨某、李某对犯罪事实供认不讳。根据二人分别交代的事实以及专案组调查、取证，34 台被盗窃破坏的变压器中已有 24 台得到了相互印证。据杨、李二人交代，他俩与刘某三人作案时，司机陈某负责送他们到作案地点，将变压器铁芯卸下运走。在苏州等地藏匿了一个多月的刘某怀着侥幸心理，乔装打扮潜回某县，2 月 18 日被警方抓获。根据五名被告人作案事实，该市中院依法作出上述判决。

8.2.1 概念与构成要件

破坏电力设备罪是指故意破坏电力设备、危害公共安全尚未造成严重后果或者已经造成严重后果的行为。本罪侵犯的对象是正在使用的电力设备，包括用来发电、供电的公共设备，如电厂、变压器、输电设备等。破坏电力设备罪中所称的电力设备是指处于运行、应急等使用中的电力设备；已经通电使用，只是由于枯水季节或电力不足等原因暂停使用的电力设备；已经交付使用但尚未通电的电力设备。不包括尚未安装完毕，或者已经安装完毕但尚未交付使用的电力设备。破坏电力设备的犯罪手法多样，如毁坏、拆卸、割断等。在少数情况下，行为人也可能表现为不作为，如对电力设备负有维修保护职责的工作人员，在上班检修电力设备期间，发现重要部件异常或出现故障，有毁坏电力设备的危险，却故意置之不理，放任危险的发生。行为人实施上述破坏电力设备的行为，必须是危害公共安全，即有可能引起不特定多数人伤亡或者使公私财产遭受重大损失或者使生产、生活秩序受到严重影响，才能构成本罪。犯罪的主体是一般主体。犯罪的主观方面是由故意构成，即行为人明知其破坏电力设备的行为会发生危害社会公共安全的后果，仍希望或者放任这一结果的发生。犯罪的动机多是贪图钱财。

窃电

8.2.2　破坏电力设备罪与盗窃罪的区分与联系

盗窃电力设备，危害公共安全，但不构成盗窃罪的，以破坏电力设备罪定罪；同时构成盗窃罪和破坏电力设备罪的，择一重罪处罚。盗窃电力设备，没有危及公共安全，但应当追究刑事责任的，可以根据案件的不同情况，按照盗窃罪等犯罪处理。

8.3　重大责任事故罪

案例链接：12 月 13 日，某能源股份有限公司牡丹江第二发电厂发生人身伤亡事故，1 人死亡。某能源建设集团黑龙江能源建设有限公司为该能源股份有限公司牡丹江第二发电厂超低排放改造总承包单位，其劳务分包单位山东某建设集团有限公司在6 号炉1 号空预器冷端烟气侧内部施工时，施工组长对空预器进行手动盘车，挤压到进行卫生清理的1 名作业人员头部，造成1 人死亡。

重大责任事故罪，是指工厂、矿山、林场、建筑企业或者其他企业、事业单位的职工，由于不服管理、违反规章制度，或者强令工人违章冒险作业，而发生重大伤亡事故或者造成其他严重后果的行为。

1. 客体要件

本罪侵犯的客体是工厂、矿山、林场、建筑企业或者其他企业、事业单位的生产安全。现代生产，越来越表现为协作、有序的状态，从而形成各行各业生产的系统化。某个环节发生的问题，不仅仅是操作者个人的人身安全和财产安全的问题，往往直接关系到整个生产安全。作为重大责任事故罪所侵犯的客体的生产安全，是公共安全的重要组成部分，所以同样表现为使不特定的多数人的生命、健康或者公私财产遭受重大的损害。本罪的特点是这些损害发生在生产过程中。

2. 客观要件

本罪在客观方面表现为在生产和作业过程中违反规章制度，不服从管理或者强令工人违章冒险作业，因而发生重大伤亡事故，造成严重后果。

重大责任事故罪在客观方面有两种表现形式：一种是行为人在生产、

作业活动中，不服管理，违反规章制度，因而发生重大伤亡事故或者造成其他严重后果，即一般职工本人直接违反规章制度，造成严重后果的行为。“不服管理”是指企业、事业单位的职工不服从本单位安全生产的要求或者不服从单位领导有关安全方面的工作安排。“违反规章制度”是指违反有关生产安全方面的操作规程、劳动纪律和劳动保护等规定。“不服管理”与“违反规章制度”的表现方式是多种多样的，既可以表现为作为，也可以表现为不作为。另一种是行为人在生产、作业活动中，强令工人违章冒险作业，因而发生重大伤亡事故或者造成其他严重后果，即有关生产指挥、管理人员利用职权强令职工违章冒险作业。在这种表现形式中，首先是工人不愿听从生产指挥、管理人员的违章冒险作业的命令，其次是生产指挥、管理人员利用自己的职权强迫命令工人在违章的情况下冒险作业，即强迫工人服从其错误的指挥，而工人不得不违章作业。在这种情况下，虽然工人客观上是违章作业，但由于违章作业不是工人本人的意愿，而是被指挥、管理人员强迫违章作业，因此，不能追究被强迫违章作业的工人的刑事责任，而要追究违章指挥人员的刑事责任。

3. 主体要件

本罪主体为特殊主体，是指工厂、矿山、林场、建筑企业或者其他企业、事业单位的职工。这些单位既包括国家的，又包括集体的，还包括私营企业、无照施工经营者等。作为本罪主体的上述单位的职工，并非该单位从事各种工作的职工，而是指那些直接从事生产的人员和直接指挥生产的人员，包括生产工人、技术员、安全员、化验员、检验员、生产调度、段长、矿长、车间主任等。

4. 主观要件

本罪在主观方面表现为过失或者间接故意。如果行为人对危害结果出于故意的心理状态，不构成本罪，可能构成其他危害公共安全的犯罪。

8.4 重大劳动安全事故罪

案例链接：2016 年 2 月 25 日 14 时 15 分左右，吉林省松原市某热电厂在检修锅炉磨煤机过程中，热风插板门不明原因开启导致 3 人被困，造成

3 人死亡。该起事故充分暴露了企业对检维修作业过程中安全管理不重视、风险辨识不到位、作业现场缺乏有效安全监护等问题。

重大劳动安全事故罪是指单位的安全生产设施或者安全生产条件不符合国家规定，因而发生重大伤亡事故或者造成其他严重后果的行为。本罪是一种危害公共安全犯罪。电力行业涉及高压作业，因而劳动者的安全极易受到损害。

1. 客体要件

本罪侵犯的客体是国家有关安全生产设施、安全生产条件的相关规定和公众的人身及财产安全。

2. 客观要件

本罪在客观方面的表现为单位中对排除事故隐患、防止事故发生负有职责的主管人员和其他直接责任人员知道或者应当知道厂矿等企业、事业单位等的劳动安全设施不符合国家规定，经有关部门或单位职工提出后，仍不采取措施，因而发生重大伤亡事故或者造成其他严重后果的行为。如果有关部门或单位职工没有提出事故隐患，因而行为人没有采取措施的，不构成重大劳动安全事故罪。

3. 主体要件

本罪的主体为特殊主体，具有特定的身份。即单位中对排除事故隐患、防止事故发生负有职责义务的主管人员和其他直接责任人员，通常是指用人单位的法定代表人、厂长、经理、主管劳动安全和劳动卫生的副厂长、副经理，以及直接负责有关劳动安全和劳动卫生工作的安全员、电工等。需要注意的是，根据相关司法解释的规定，由于国家工作人员失职造成重大事故的，可以追究处罚，所以本罪的主体中不包括国家工作人员。

4. 主观要件

本罪在主观方面表现为过失。明知单位的安全生产设施及安全生产条件不符合国家规定，可能会造成重大事故，因为疏忽大意，没有预见到或者虽然预见到却轻信能够避免的主观心理态度。造成这种情况的原因，有的是片面追求经济效益，不肯在劳动安全和劳动卫生方面进行投入；有的是工作不负责任，怠慢懒惰；有的是心存侥幸。

8.5 工程重大安全事故罪

案例链接：2016 年 11 月 24 日 7 时 30 分许，江西省某电厂三期扩建工程 D 标段冷却塔平桥吊倒塌，造成上面模板混凝土通道坍塌。事故发生时，施工单位正在进行零点班和早班交接，事故现场 74 人死亡，2 人受伤，年龄最小的 23 岁，最大的 53 岁。

某电厂三期工程为江西省重点工程，江西某股份有限公司投资建设、某电力工程顾问集团中南电力设计院有限公司总承包。

监理单位是上海某工程咨询有限公司，出事故的是四标段，专业承包单位是河北某工程有限公司。该公司是专业从事冷却塔、烟囱、环保工程建设施工及项目改造的一家公司。

工程重大安全事故罪，是指建设单位、设计单位、施工单位、工程监理单位违反国家规定，降低工程质量标准，造成重大安全事故的行为。

1. 客体要件

本罪侵犯的客体是人民的财产和生命安全以及国家的建筑管理制度。

2. 客观要件

本罪在客观方面表现为违反国家规定，降低工程质量标准，造成重大安全事故的行为。违反国家规定而造成严重后果，是这种犯罪行为的本质特征。一般认为，违反国家规定是指违反国家关于建筑工程质量监管的法律、法规。关于降低工程质量标准的解释，根据有关法律法规以及刑法理论界的通行见解，应当是指建设单位、设计单位、施工单位和工程监理单位以低于国家规定的工程质量标准进行建设、设计、施工、监理的行为。当然，在司法实践中，由于工程项目的不同，各建筑单位在工程中的职责不同，降低工程质量的行为可以有各种不同的表现，对于不同的建筑单位实施的降低工程质量标准的行为，应当根据其在工程中的具体职责，考察其降低工程质量的事实和原因，而不应当拘泥于具体的外在的行为表现。

3. 主体要件

本罪的主体为特殊主体，即为单位犯罪。主体只能是建设单位、设计单位或者是施工单位及工程监理单位。其中的建设单位，是指对建设工程拥有所有权或者使用权的部门，也就是“业主”；设计单位，是指对建设工程进行专门设计的单位；施工单位，主要是指按照设计单位的设计及各种标准、要求进行建筑物建设的部门；工程监理单位，是指受建设单位聘请，担任工程质量监督工作的单位。本罪的处罚对象是直接责任人。所谓直接责任人是指其实施的行为与发生的工程重大安全事故具有直接关系的人员，包括对是否降低工程质量标准具有决定权的领导人员以及直接从事工程建设的建设单位的有关人员、设计单位的设计人员、施工单位的技术人员和具体实施人员、监理单位的监理人员。

4. 主观要件

本罪在主观方面表现为过失。可以是出于疏忽大意的过失，也可以是过于自信的过失。

8.6　违法砍伐林木罪

案例链接： 李某某系国网四川某供电公司运行分公司职工。2014 年 6 月上旬，李某某根据单位安排组织该公司四名职工对电力设施保护区巡线。李某某等人在未办理林木采伐许可证的情况下，由李某某负责寻找涉树农户，协商砍伐影响电力输送安全的树木并支付补偿款，其余四名职工在涉树农户的监督下进行砍伐。后李某某等人将一株国家二级保护植物野生红豆树误作杂树砍伐。公安机关以李某某涉嫌非法采伐国家重点保护植物罪移送法院。法院经审查后认定，犯罪嫌疑人李某某系过失犯罪，其行为不构成犯罪。

“电力法”第五十三条规定，在依法划定电力设施保护区前已经种植的植物妨碍电力设施安全的，应当修剪或者砍伐。但同时《电力设施保护条例》第二十四条也规定，在依法划定的电力设施保护区内种植的或自然生长的可能危及电力设施安全的树木、竹子，电力企业应依法予以修剪或砍伐。此处的“依法”不应当狭义地理解为仅依据电力法律法规，而应当包含国家其他法律规定。否则，电力公司的执法行为将有违法风险，甚至构成犯罪。

就司法实践看，电力公司及职工因违反其他法律规定，在清除电力设施保护区内的林木时可能涉嫌的常见罪名是非法采伐、毁坏国家重点保护植物罪。《刑法》第三百四十四条规定："违反《森林法》的规定，非法采伐、毁坏珍贵树木的，处三年以下有期徒刑、拘役或者管制，并处罚金；情节严重的，处三年以上七年以下有期徒刑，并处罚金。"

《刑法》规定构成此罪的前提是行为人违反《森林法》的规定。《中华人民共和国森林法》对于林木尤其是国家重点保护植物的砍伐程序和范围等做了明确规定。其中《森林法》第二条规定："在中华人民共和国领域内从事森林、林木的保护、培育、利用和森林、林木、林地的经营管理活动，适用本法。"第二十条规定，对自然保护区以外的珍贵树木和林区内具有特殊价值的植物资源，应当认真保护；未经省、自治区、直辖市林业主管部门批准，不得采伐和采集。第三十二条规定，采伐林木必须申请采伐许可证，按许可证的规定进行采伐；农村居民采伐自留地和房前屋后个人所有的零星林木除外。国有林业企业事业单位、机关、团体、部队、学校和其他国有企业事业单位采伐林木，由所在地县级以上林业主管部门依照有关规定审核发放采伐许可证。即违反《森林法》及其有关法规的规定，未经有关主管部门批准而采伐珍贵树木或者国家重点保护的其他植物的行为，均系非法采伐行为。虽然电力公司执法依据为"电力法"，且"电力法"与《森林法》在法律效力上处于同一位阶，但林木采伐许可证是采伐林木的合法凭证，是林业主管部门依法监督检查林木采伐活动的重要手段，且《电力设施保护条例》第二十四条也明确规定："……依法予以修剪或砍伐"。此处的"应依法予以修剪或砍伐"自然包含《森林法》中关于砍伐林木的规定。因此，电力公司职工在执法时，也应依法在申请采伐许可证后，再进行砍伐。否则，电力公司的行为为非法行为，并可能因砍伐或毁坏国家重点保护植物而触犯法律。

【模块小结】

本章扼要阐述了与电相关的刑事法律规定。通过本章的学习，学员应充分认识玩忽职守、不按安全规程操作等的危害性。

第三部分　知识巩固

一、不定项选择题

1. 盗窃罪的客观构成要件有：(　　)

A. 行为人有窃取数额较大的公、私财物的行为

B. 行为人盗窃公、私财物的数量没有限制

C. 行为人是惯犯

D. 行为人有多次窃取公、私财物的行为

2. 窃电行为的最新趋势有：(　　)

A. 隐蔽化　　B. 专业化

C. 多元化　　D. 普遍化

3. 单位窃电的处罚方式是：(　　)

A. 对窃电单位处罚

B. 对窃电单位的法定代表人处罚

C. 对窃电单位直接负责的主管人员处罚

D. 不处罚主要的直接责任人员

4. 重大责任事故罪的主观要件表现为：(　　)

A. 故意　　B. 过失

C. 间接故意　　D. 不考虑主观要件

5. 工程重大安全事故罪在客观方面表现为：(　　)

A. 违反国家规定　　B. 降低工程质量

C. 造成重大安全事故　　D. 故意

二、简答题

盗窃罪与破坏电力设备罪的界限如何划分？

第四部分　实例应用

实例：张某诉供电公司砍伐树木不合规案

【案情】2001年某110千伏送电线路工程建成验收，该线路从某村的一处责任田上空经过，在建设该线路期间电力工程公司对该责任田的土地承包经营权人按750元/亩的单价给予了一次性的补偿。2006年张某租赁了村里的该处责任田用于培育苗木。2009年县供电公司在重新规划线路时，在苗木地上架设线路通过。2017年，市供电公司和县供电公司派人把张某在该处责任田上培育的部分苗木的树冠截掉，其中国槐树298棵，栾树42棵。张某发现树木被砍伐后立即报警，结果查出是由供电公司的职工所为。于是张某将供电公司告上法庭。经查该线路属于市供电公司。

【焦点及相关证据】

1. 苗木的损失价值认定。

诉讼中经张某申请，法院委托某林业技术服务有限公司出具了林木资源资产评估咨询意见书。该评估咨询意见书载明：被截干树木的高度为2~3米，现已萌发新枝，周边同批栽植的槐树、栾树的平均高度为6米左右，分枝点为2~3米，主干较高，属于以高主干人行道树为培育目的的品种。本次涉案的树木，被截后失去了原有的树冠，恢复原有的树冠可能需要两年至三年时间，其原有的培育目的发生了根本性变化，可能需要重新定位销售市场及销售渠道。经现场勘验，综合分析计算，涉案树木总价值62410元，树木损失价值32770元。张某支付给某林业技术服务有限公司鉴定费5000元。

2. 张某在起诉书中表明供电公司没有向他打过任何招呼，也没有给他任何补偿。

3. 2001年的土地征收补偿协议是否规范。

【判决结果】

一审法院认为，本案为侵权责任纠纷。本案争议的焦点为：市供电公司、县供电公司是否应当赔偿张某经济损失。架空电力线路保护区，是为了保证已建架空电力线路的安全运行和保障人民生活的正常供电而必须设置的安全区域。《电力设施保护条例》第二十四条规定，在依法划定的电力设施保护区内种植的或自然生长的可能危及电力设施安全的树木、竹子，电力企业应依法予以修剪或砍伐。《电力设施保护条例实施细则》第十六条规定，35～110 千伏线路与树木之间的最大安全垂直距离为 4 米。对不符合上述要求的树木应当依法进行修剪或砍伐，所需费用由树木所有者负担。《河南省供用电条例》第三十三条规定，在已划定的架空电力线路保护区内，违法种植的树木、竹子等高秆植物可能危及电力设施安全的，电力设施产权人应当告知高杆植物产权人或者管理人及时排除障碍；拒不排除的，予以修剪或者砍伐，并不予补偿。依据上述规定，市供电公司没有告知涉案树木产权人张某及时排除障碍，也没有依法对涉案树木予以修剪或砍伐，对张某造成的实际损失，应当进行赔偿。张某要求县供电公司赔偿，无事实依据，不予支持。综上所述，依照《中华人民共和国侵权责任法》第六条、《电力设施保护条例》第二十四条，《电力设施保护条例实施细则》第十六条、《河南省供用电条例》第三十三条、《中华人民共和国民事诉讼法》第六十四条规定，判决：①市供电公司于判决生效后十日内赔偿张某涉案树木实际损失 32770 元，鉴定费 5000 元；②县供电公司不承担赔偿责任；③驳回张某的其他诉讼请求。

被告对判决结果不服，提起上诉。二审期间，当事人均未提交新证据。二审法院经审理查明的事实与一审法院查明的事实一致。

二审院认为：①任何单位和个人不得在依法划定的电力设施保护区内修建可能危及电力设施安全的建筑物，不得种植可能危及电力设施安全的植物。②本案涉案的高压线路于 2001 年建成验收，并对涉案土地承包经营权人进行了补偿；张某在 2006 年承包涉案土地并在高压线路下方非法种植树木，危及电力设施安全，是一种违法行为。③民事主体的合法权益受法律保护，非法行为不受法律保护。④电力企业对危害电力设施安全的行为，有权制止并劝其改正、责其恢复原状。强行排除妨害，责令赔偿损失，应请求行政主管机关和司法机关处理，以及采取法律、法规或政府授权的其他必要手段。⑤本案中，市供电公司为保障电力生产安全运行，维护公共安全，对涉案高压线路下违法种植的树木进行了修剪，属于自力救济的行为，虽对张某的财产造成一定的损失，但该损失应由违法行为人张某自己承担。

综上，一审法院认定事实正确，但是适用法律错误，判决不当，二审院予以纠正。依据《中华人民共和国侵权责任法》第一条、《中华人民共和国电力法》第五十三条、《电力设施保护条例实施细则》第十八条、《中华人民共和国民事诉讼法》第一百七十条第一款第（二）项之规定，判决如下：撤销一审判决的全部内容，驳回原告的诉讼请求。

【案件评析】

这是一起涉及电力设施保护区内种植树木而引起危害电力设施安全的案例。

《电力设施保护条例》第十条规定，110 千伏电力线路保护区为导线边线向外侧水平延伸 10 米并垂直于地面所形成的两平行面内的区域；“电力法”第五十三条规定，任何单位和个人不得在依法划定的电力设施保护区内，种植可能危及电力设施安全的植物；“电力法”第六十九条规定，违反本法第五十三条规定，在依法划定的电力设施保护区内修建建筑物、构筑物或者种植植物、堆放物品，危及电力设施安全的，由当地政府责令强制拆除、砍伐或者清除。“电力法”第五十三条所称的危及电力设施安全，包括两种情况，一种是树木等尚未对电力设施安全构成现实的危害，但从植物的自然生长规律看，其最终生长高度将对电力设施安全构成危害，这种危害是潜在的；另一种是树木等对电力设施的损害事实已经发生。根据“电力法”第六十九条对处理相邻关系的在先原则，市供电公司所属的 110 千伏电力线建设在先，原告承包土地种植树木在后，则种植在后的树木应当无条件砍伐，不应赔偿树木损失。而且供电公司在进行电力建设时已经对当时土地的承包人给予了一次性补偿，不存在过错。

【风险防范建议】

《电力设施保护条例》第二十四条规定，在依法划定的电力设施保护区内种植的或者自然生长的可能危及电力设施安全的树木、竹子，电力企业应依法予以修剪或砍伐。这里规定电力企业应依法予以修剪或砍伐，要注意“依法修剪或砍伐”就涉及了《森林法》。《森林法》第三十二条规定，国有林业企业事业单位、机关、团体、部队、学校和其他国有企业事业单位采伐林木，由所在地县级以上林业主管部门依照有关规定审核发放采伐许可证。电力企业应以民事主体身份，以相邻不动产受到安全威胁为由，与违法人协商竹、木的砍伐或修剪，劝说竹、木所有人自己砍伐或修剪，协商无果的向政府报告情况，请求电力管理部门依法行使电力管理权，强制砍伐、修剪。相关部门做出行政处罚后，电力企业协助实施。如果情况非常紧急，电力企业可以以不动产相邻关系人身份请求法院先予执行，要求种树人停止侵害、排除妨害、消除危险，继而提起民事诉讼解决问题。

案例库

案例一　常某诉村民及供电公司乱接电线案

程某为某村村民，某日欲对其土地进行灌溉，但是灌溉所用的水井未通电，于是程某找到村主任派人接线。村主任派高某为其接线，所用的电线由程某自己提供。由于程某所浇地的位置和电线接线的位置距离太远，中间需要经过某县农作物秸秆收购站，因此程某从收购站的两个麦秸垛中间扯过电线。电线接通了，但在灌溉过程中发生了火灾，致使秸秆收购站内的物品着火。事故发生后，秸秆收购站负责人常某打电话报警，派出所和消防大队出警，县公安局查明，此次火灾系村民程某在浇地时使用的电线老化，导致电线自燃而引起的。于是常某将程某及其丈夫、供电公司、镇人民政府、村委会告上了法庭，常某认为，被告程某的违法侵权行为导致收购站严重的财产损失，应承担侵权损害赔偿责任，被告的丈夫也应承担连带赔偿责任；被告供电公司应负责本行政区域内的电力规划建设、设施安全运行、电能保护的监督管理工作；被告镇人民政府有责任做好本行政区域内电力供应和使用的有关管理工作，履行管理职责，防止安全事故的发生；被告村民委员会私自允许他人乱接电线，导致火灾的发生。以上被告对于本次火灾事故的发生均存在过错，依法应当承担赔偿责任，要求赔偿损失 28 万元。

【焦点及相关证据】

案件审理过程中，各被告均提出了自己的申辩意见。被告程某及其丈夫辩称，处罚决定书对造成此次事故的原因并没有说清楚，所以不能够直接认定造成火灾的原因是电线老化；浇地扯线本应该是村委会、镇政府及供电公司的工作，但是这几个部门不作为，将近两年时间没有为老百姓扯线，他们才自己去接了电线；原告所要求的赔偿金额太高，而且原告的麦秸场也没有配备消防工具，对火灾的发生以及后续发展有一定的过错。被告供电公司辩称，此案中供电公司不是直接的侵权人，更不存在过错，程某使用的电线是其擅自接入的，供电公司对电线接入和使用的情况均不知情；被告程某擅自接电线浇地引发火灾的行为属于突发事件，发生时间较短，供电公司来不及采取措施。被告镇人民政府辩称，火灾发生后镇政府积极派人去救火，平时镇政府也经常召开安全会议，已经尽到了相应的职责。被告村委会辩称，当时村主任让高某替被告程某接线的行为属于个人行为，并不代表村委会，村委会不承担任何责任。

另据法院查明，供电公司提供了一份土地整改项目农田机井通电建设工程施工及设备维护协议，该协议系两个镇政府（甲方）土地整改项目工作推进指挥部与供电公司（乙方）及村委会（丙方）三方签订，该协议约定，甲方项目实施完毕后，应及时提出书面验收申请递交乙方，并联合乙方、丙方开展进网接入前安全验收，乙方出具验收报告后，方可接入电网运行。甲方承担资产移交前分管维护范围内的资产运行、维护、安全供电责任，乙方承担资产移交后分管维护范围内的10千伏T接线路、配电变压器、配变计量箱出现缺陷、故障、运维等安全问题，丙方承担资产移交后，分管维护范围内的资产运行，维护安全供电责任。涉案的灌溉机井通电项目的实施建设安全问题不是供电公司的责任，相应产权已不属于供电公司，且事故发生时，农用机井并不具备通电条件，而不是供电公司不予通电。

【判决结果】

法院判决被告程某及其丈夫承担原告80%损失的赔偿责任，原告自身也存在过错，故承担余下的损失。驳回原告的其他诉讼请求。

【案例评析】

1. 供电公司不应该承担责任

本案是一起私拉电线引起的财产侵权案件，应该按照《侵权法》中的过错原则来确定赔偿责任人。首先，供电公司不供电是合法的。本案中供电公司出具了充足的证据，证明供电公司不供电是严格按照合同和国家标准进行的合法操作。涉案的灌溉机井通电项目的实施建设不是供电公司负责的，相应产权已不属于供电公司，且事故发生时，农用机井并不具备通电条件，而不是供电公司不予通电。其次，本案件为突发事件，从供电公司用电检查的角度来说，这样的突发事件，时间较短，供电公司没有那么快的反应速度应对，因此也不应该承担未尽到管理义务的责任。

2. 私拉电线的被告程某及其丈夫应该承担主要责任

被告程某及其丈夫，用老化的电线私自接线浇地，导致老化电线自燃，而且被告扯电线的地点经过了易燃物质聚集的地方——秸秆收购站，是本次火灾事故的直接原因。因此应该承担主要责任。

3. 原告秸秆收购站没有配备相应的消防安全设施，造成火灾损失的扩大，收购站负责人眼看着被告程某的电线从收购站经过却没有提醒和阻止，是造成火灾发生的间接原因，因此也应该承担相应的责任。

【风险防范建议】

与本案类似的案件很多，包括责任人私接电线导致触电人身伤亡的事故、私接电线将行人绊倒的事故等，法院的判决一般要求供电公司承担少量的责任。原因在于法院认为，供电公司负有用电检查的义务，尤其是长期存在的私接电线的行为造成的事故，供电公司更是在这类案件中难辞其咎。因此，供电公司应该更加重视用电检查的责任。供电公司作为电力的供应方，根据“电力法”《供电营业规则》《供电监管办法》等相关规定，应当定期或不定期对用户执行国家有关电力供应与使用的法规规章制度等情况进行检查，并加强对特殊情况的检查力度，同时在进行检查的时候要注意进行证据的留存，发生纠纷时用作向法院证明供电企业已经尽到安全检查义务。

案例二　高某骑车被电线绊倒诉供电公司案

某个夜晚，高某驾驶老年三轮摩托车，行驶至本村张某家附近时，被张某当天架设的横跨道路的电线绊倒。张某架设该线路是为了掏井照明使用，属临时连接的低压线路。搭建该线路后，张某并没有设置相应的警示标志，也没有向供电公司申请审批手续。高某因此次事故受到重伤，于是要求张某和供电公司承担赔偿责任。高某已经60多岁，本案中低压线路的产权人是张某。

【焦点及相关证据】

供电公司是否应该承担责任？

【判决结果】

法院认为，尽管该线路的产权属于张某，但供电公司仍然是法定的管理者，没有对该线路进行有效的监管，依然要承担30%的赔偿责任。

【案例评析】

1. 供电公司赔偿责任的分析

低压触电时，供电企业可免责的情况包括因不可抗力、受害人故意、用户自身过错、第三人责任造成等。低压触电属于一般侵权行为，适用一般举证原则，根据“谁主张，谁举证”原则应由被侵害人就损害事实、供电企业过错、因果关系、电力企业的侵害行为承担举证责任。供电公司的过错就是没有及时发现张某私自架设电线的行为，管理不到位。但是，本案应该考虑张某架设电线是临时的行为，供电公司对此类行为的监管有困难，应当适当减轻供电公司的责任。

2. 张某应承担的赔偿责任

该线路的产权属于张某，而且涉事的电线也是由张某私自架设的，没有经过供电公司同意，也没有相应的警示标志。张某应该为造成的损害承担主要责任。

【风险防范建议】

本案涉及供电公司对日常线路的维护和用电检查的责任。

《供电营业规则》第五十一条规定，在供电设施上发生事故引起的法律责任，按供电设施产权归属确定。产权归属于谁，谁就承担其拥有的供电设施上发生事故引起的法律责任。但是，司法实践已突破该产权责任分界说，并有扩张趋势，最高人民法院的判例中也明确认定，供电企业如果依据产权责任说免责或减轻责任的前提条件必须是在供配电设施的设计、施工、中间检查、竣工验收、后期运行维护、日常管理中没有瑕疵方能免责，否则，任何疏忽大意或管理不善都必须承担责任，只是承担责任大小的问题。也就是说，即使电力设施不属于供电企业所有，只要供电企业疏于检查、管理和维护，法院也可能以供电企业没有尽到安全检查和维护管理义务为由，判决供电企业承担责任。

案例三　供电公司工作人员修理变压器爆炸案

某日上午，供电公司的工作人员正在修理变压器，刚刚打开箱盖，变压器突然发生爆炸。在变压器附近工作的一位社区义务志愿者，被这突如其来的巨大爆炸声吓坏了，突然昏倒在地。正在执勤的交警和附近的工友将其送往医院救治。这名志愿者认为，是变压器的巨大爆炸声导致其晕倒，而且此后她还出现了耳聋、视力下降、头疼头晕等症状，精神间接性失控，听到响声就害怕、恐惧，去了许多医院进行治疗，花了大量的费用仍不见好转。志愿者找到供电公司要求赔偿，但双方一直不能达成一致意见，志愿者只得通过法律途径维护自己的权益。本案最后原告撤诉。

【焦点及相关证据】

供电公司的变压器发生爆炸致使原告受到惊吓，供电公司是否应当承担责任?

【判决结果】

原告撤诉，法院下裁定书准许原告撤诉。

【案例评析】

本案中原告没有充分的证据证明自己昏厥的直接原因是供电公司变压器爆炸声，因为在爆炸现场的人员很多，其他人都没有昏厥的情况。所以不排除原告自身的身体状况造成了昏厥。虽然原告以撤诉结案，但是本案也给供电公司一个警示：在变压器检修现场应该注意向周围的人员做出提醒。变压器一旦爆炸，声音是非常巨大的，可能会导致很多在场的人员受到惊吓。因此在做变压器检修的时候，应该考虑到此种情况，尽量清场，并提醒周围居民注意防范，减少类似本案的法律风险。

【风险防范建议】

建议一线工人在作业时，应及时清场，并告知外来施工、检修现场的人员可能出现的危险情况等，避免不必要的纠纷。

案例四 靳某触电受伤案

某日下午，靳某在某变电站的东墙外自家承包的田地里拾玉米时，供电公司带电的电杆拉线断裂，造成靳某触电受伤。靳某起诉后，供电公司很快与其达成和解，做出了赔偿。

【焦点及相关证据】

本案涉及的法律问题是电力设施维护管理以及侵权的损害赔偿责任。

1. 事故发生的地点是在变电站的围墙外面

当时靳某正在自家的承包地里干农活。很明显电线杆拉线的产权是属于供电公司的。

2. 电线杆拉线带电是否是正常情况

正常情况下电线杆的拉线是不带电的。根据我国颁布的电力行业标准《农村低压电力技术规程》，无论是1992年版的还是2001年版的，都明确规定："穿越和接近导线的电杆拉线必须装设与线路电压等级相同的拉线绝缘子。"装设拉紧绝缘子就是为了防止在意外情况下（如导线断落、脱落与拉线搭连；导线与拉线间被铁丝或其他导电物短接等）使拉线带电。架空送电线路电杆拉线带电的原因有以下两点：①架空送电线路电杆拉线带电常常发生在变压器进出线或拉线穿越带电导体的线路、电杆拉线未装设隔电绝缘子且有下引接户线中。由于带电导体或下引接户线常年受风吹等外力作用，导致绝缘层磨破。带电的接户线或导体与电杆拉线搭接，使得拉线间断性地带有220伏的对地电压。②有的不仅拉线不装绝缘子，还将拉线和固定横担撑铁合用同一个包箍。这种情况若导线落在横担上或横担上绝缘子破裂击穿，将会造成拉线带电。

案例中电杆拉线为什么会断裂，资料里没有显示出来，但可以肯定的是供电公司对电杆拉线维护不当，线杆拉线长期使用老化的隐患没有及时治理，还有可能是线杆拉线的安装本身不符合法律规定，致使电杆拉线断裂后带电。

【判决结果】

本案以调解结案。供电公司与原告在法院的主持下达成了调解协议，供电公司赔偿伤者医疗费、残疾赔偿金、后续治疗费等全部损失。

【案情分析】

1. 供电公司作为电力设施的产权人未尽到管理义务，应当承担本案的赔偿责任

电力企业是电力设施的产权所有者，对其安全运行情况具有维护检查的职责，对危及其安全运行的行为有制止的权利和消除安全隐患的义务，这也是“电力法”规定的电力企业的权利和职责。案发地点在变电站的围墙外面，供电公司没有发现事故隐患，造成居民受伤，可见在对电力设施维护方面做得很不到位，存在重大过错。

2. 靳某不存在过错

伤者靳某在自家承包地中干活是完全合法的行为，而且不可能也没有义务预见电杆拉线断裂带电，在本案中不存在过错。

本案中供电公司没有逃避责任，而是通过调解的方式结案，一方面可以给受害者提供相应的赔偿，另一方面也适当减轻了供电公司的赔偿责任。选择调解的方式结案很合理。

【风险防范建议】

1. 架空线路电杆拉线的设立要符合行业标准

架空送电线路电杆拉线应符合以下要求：①电杆拉线应加装隔电绝缘子。②送电线路的过桥线、接户线要加装绝缘子固定。6～10 千伏接户线对地距离不能小于 4 米；低压接户线对地距离不能低于 2.5 米，还应采用绝缘导线。③拉线绝缘子应装于最低导线以下，拉线绝缘子对地的垂直距离不能低于 2.5 米。④穿越或接近导线的拉线一定要装设与线路电压等级相同的拉线绝缘子。

2. 供电企业对电力设施的维护、巡查和管理应该是一个常态工作

运检部门应该对拉线隐患进行常态化治理。

案例五 柯某收购废弃电缆触电案

2015 年 12 月被告中铁某工程公司所承建的某高速公路路面工程施工结束，工作人员准备撤离。原告柯某父子想购买该施工项目遗留下来的活动板房。于是找到该施工项目经理部的路基施工队队长李某，经李某介绍，以 20000 元的价格购买了全部活动板房。2015 年 12 月 16 日，柯某父子在拆板房过程中看到院内有废弃的电缆线，就找到李某，让其与项目部联系准备购买电缆线。李某找到项目部的电工王某，最终王某同意以 1600 元的价格将全部废弃电缆卖给柯某，后原告柯某未带够 1600 元，只给了王某 1500 元，王某予以默认，且并未告知柯某电缆线是否带电。王某于 12 月 16 日离开项目部。王某在离开项目部前一天，县供电公司电管所接到项目部的通知后，将项目部所使用的变压器及计量表拆除，当天，县供电公司电管所并未将连接变压器使用的电缆线与 10 千伏的高压线路一端进行断电。2015 年 12 月 18 日，柯某找到朋友帮忙拆电缆，因为有些电缆是埋在地下的，柯某就找到朋友的铲车，把地面上的电缆绕在铲车的铲斗上，再开动铲车将埋在地下的电缆拉出来。结果柯某在拉电缆时被电击伤，手臂和脚烧伤很严重。

电线杆拉线毁少年容，法院判决谁担责？

【焦点及相关证据】

1. 涉事电力设施的产权归属。

2. 电工王某将电缆卖于柯某父子的行为是否有效，王某未告知柯某父子电缆带电情况是否存在过错。

3. 供电公司电管所在拆除变压器和计量表的过程中是否没有按照操作规程操作。

4. 柯某用铲车拆电缆是否存在过错。

法院认定以下证据：

1. 法院确定了电缆的产权。

涉案线路是由中铁七局某施工项目部因施工需要与县供电公司签订电

力设施安装工程合同而安装的，由供电公司安装并收取电费。后中铁七局的施工项目结束，该线路的使用权以及电缆线等电力设施作价转让给本案被告中铁某工程公司继续使用，并向县供电公司支付电费。因此该线路的产权已经发生了转移，应该属于中铁某工程公司。

2. 产权分界点。

另根据线路产权的临界点来看，该线路到变压器之间为10千伏的高压线，通过变压器变压后由项目部使用，被告供电公司作为专业的电力部门（企业），对该线路负有管理责任，变压器之前的高压线路的产权应当归属供电公司，且不能根据该线路及电力设施安装时是否收取了安装费来确定产权。

3. 被告中铁某工程公司在开庭阶段没有安排电工王某出庭作证，不能证明王某买卖电缆的行为属于个人行为。而原告柯某父子提供了向王某购买项目部电缆线的证据以及王某属于中铁某工程公司施工工地电工的证据，以证明王某与被告中铁某工程公司存在雇佣关系。

【判决结果】

一审法院认为：公民的健康权受法律保护。原告柯某受伤是因其在拆除电线杆上电缆线时，被高压电流击伤，故本案属于触电人身损害责任纠纷。根据《侵权责任法》第七十三条的规定："从事高空、高压、地下挖掘活动或者使用高速轨道运输工具造成他人损害的，经营者应当承担侵权责任，但能够证明损害是因受害人故意或者不可抗力造成的，不承担责任。被侵权人对损害的发生有过失的，可以减轻经营者的责任"，原告柯某在拆除电缆线过程中被高压电流击伤，属于电力损害事故，该线路的经营者依法应当承担侵权责任。法院确认该线路的经营者是县供电公司，柯某发生触电的线路，只有县供电公司具有管理和断电的技术能力，其在拆除变压器的同时应当对整条线路进行断电处理。故县供电公司作为该线路的经营者依法应当对柯某的电击人身损害事故承担侵权责任。同时，根据《侵权责任法》的规定，柯某对损害后果也有过错，可以减轻侵权人的赔偿责任。最终法院认定原告柯某和被告中铁某工程公司也存在相应的过错，判决被告县供电公司承担30%的责任，被告中铁某工程公司承担30%

的责任，原告柯某承担 40% 的责任。

二审维持原判。

【案例评析】

1. 被告中铁某工程公司应该承担侵权责任

中铁某工程公司是该涉事电缆的产权人，尽管施工项目部在撤离施工现场之前，已经安排供电公司来拆除变压器和计量箱，但是从案件的调查情况来看，中铁某工程公司并没有对施工现场进行足够的安全管理，原告在进入施工现场的过程中没有人进行管理、指示或者阻止，而且被告雇佣的一个电工就将电缆卖给了原告，可见施工现场的管理是比较混乱的。作为电力设施的产权人，中铁某工程公司在施工结束后未尽到安全管理职责，未对其废弃的电力设施进行合理处置，也未确保县供电公司所属的供电所对用电线路进行断电处理，且在电工王某将电缆线随意进行变卖的行为上负有管理缺失的责任。中铁某工程公司上述过错行为给柯某触电受伤埋下了安全隐患，也导致原告柯某遭受电击的损坏后果，被告中铁某工程公司的过错行为与原告柯某的损害后果之间存在因果关系，依法应当承担相应的过错责任。

2. 原告柯某的行为也存在过错

柯某在购得电缆线后，应当对线路情况进行询问和拆除电缆线前的必要检查，不应盲目对线路进行拆除，故其在拆除电缆线的过程中缺乏线路状态判断，未尽到自身安全注意义务，才导致自身受到电击损害，存在一定过错，应当对损害后果承担相应责任。

3. 供电公司存在过错

县供电公司虽然不是电力线路的产权人，但是负有对电力线路管理的责任，县供电公司的供电所在拆卸变压器和计量气装置的时候却遗漏了确认断电与否的重要环节，存在明显的过错，是造成柯某遭受电击损害的原因之一，柯某遭受电击的行为不符合触电事故的免责条件，因此供电公司也应该承担相应的赔偿责任。

【风险防范建议】

本案涉及的主要问题是工程临时用电的管理。供电公司应该按照临时供电的相关操作规程进行送电和断电并办理相关的书面手续，由当事人确认。

案例六　姚某在养鸡场触电案

2017 年 7 月 23 日，姚某在养鸡场工作期间，用洗车机给鸡舍喷水时，光脚站立地面，触电身亡。姚某家属将供电公司告上法庭，认为是供电公司电路设计的原因致使电路不能及时切断，造成姚某遭电击身亡。

【焦点及相关证据】

1. 本案系低压触电死亡事故。

2. 受害人姚某在使用电器时未按照安全用电规范操作，发生触电事故，又因未安装防触、漏电的剩余电流保护器，致使发生事故后电路不能及时切断，造成姚某死亡。

3. 被告供电公司辩称，漏电保护装置是要求用电用户自己安装的。

4. 低压触电事故的法律适用。一般把 1000 伏以下的电压称为低压，本案就是低压触电事故。低压触电事故属于一般侵权行为，其归责原则按照《侵权责任法》第六条的规定实行过错责任原则，即行为人因为过错侵害他人民事权益，应当承担侵权责任，同时又因为案件涉及电力行业，这个行业具有其特殊的属性，还应当适用电力法律法规。低压触电案件的举证责任中，受害方需要举证电力设施的产权人、触电伤亡的事实、触电事实与电力作业的因果关系、侵害主体的主观过错等，加害方的举证责任包括己方非产权人、电力设施合规、管理方面没有过错，或者证明受害人自身过错等。

【判决结果】

一审法院认为，供电企业和用电户应当遵守国家有关规定，采取有效措施做好安全用电工作。本案中，受害人姚某在使用电器时未按照安全用电规范操作，发生触电事故，又因未安装防触、漏电的剩余电流保护器，致使发生事故后电路不能及时切断，造成姚某死亡。被告供电公司作为供电企业，对用电户有宣传、普及电力安全常识的社会义务，对用户安全用电有监督检查的管理职责，被告在明知原告养鸡场未安装防触、漏电的剩余电流保护器的情况下向涉案养鸡场供电，形成了一定的安全隐患，未尽到对用户安全用电监督检查的责任，其行为存在一定过错，其过错行为与姚某触电死亡有一定因果关系，故原告要求被告对姚某触电死亡承担赔偿责任，理由正当，应予以支持。同时姚某作为用电用户，不按规定安装漏电保护装置，使用电器时亦未按安全用电操作规范要求，对触电事故发生具有重大过错，可以减轻被告的赔偿责任。综上，结合双方过错责任大小，法院酌定被告对受害人触电死亡承担15%的赔偿责任。

【案例评析】

首先，根据中华人民共和国电力工业部《供电营业规则》第五十一条的规定："在供电设施上发生事故引起的法律责任，按供电设施产权归属确定。产权属于谁，谁就承担其拥有的供电设施上发生事故引起的法律责任"，供电公司将电能送至用电户，经过计量后进入用电户线路，用电户应当对电能妥善管理、合理使用，姚某发生触电地点为自家养殖场，因此线路产权不属于供电公司所有。

其次，根据《农村安全用电规程》（DL 493—2001）规定，电力使用者"必须安装防触、漏电的剩余电流动作保护器，并做好运行维护工作"，电力企业"协助电力管理部门制定农村安全用电管理规章制度及宣传、普及农村安全用电知识"，以及《农村低压电力技术规程》《剩余电流动作保护器农村安装运行规程》的规定可知，在末端安装、维护漏电保护器是电力用户自己的义务，而非供电公司的责任。

供电公司的漏电总保护器应当安装在变压器低压输出端，其目的是保护自身电网生产安全，其所保护的范围是变压器至用电户的产权分界处之间供电公司拥有产权的部分。用电户的末级漏电保护器应当安装在接户或动力配电箱内，也可安装在用电户室内的进户线上，其目的是保护用电户内部绝缘破坏和发生人身间接接触触电所造成的事故，其所保护的范围是用电户电能表以下自己拥有产权的部分。

再次，漏电保护器并非"保命器"，且供电公司安装的漏电总保护器和用电户安装的末级保护器存在根本区别，二者设定的额定剩余动作电流不同。为满足正常电网供电，漏电总保护器设定的额定剩余动作电流值为

200毫安左右，而末级保护器的额定剩余动作电流应当小于或等于30毫安，在基本农田等特别潮湿的场所应当小于或等于6毫安。

根据《农村低压电力技术规程》（DL 499—2001）第5.1条的规定，“剩余电流动作保护是防止因低压电网剩余电流造成故障危害的有效技术措施，低压电网剩余电流保护一般采用剩余电流总保护（中级保护）和末级保护的多级保护方式。剩余电流总保护和中级保护的范围是及时切除低压电网主干线路和分支线路上断线接地等产生较大剩余电流的故障。剩余电流末级保护器装于用户受电端，其保护的范围是防止用户内部绝缘破坏，发生人身间接接触触电等剩余电流所造成的事故，对直接接触触电，仅作为基本保护措施的附加保护。剩余电流动作保护器对被保护范围内相—相、相—零间引起的触电危险，保护器不起保护作用。”

鉴于人体在电流达到90~100毫安三秒时会产生心脏停止跳动的现象，即使安装有漏电总保护器，也不会对受害人产生任何影响，因为受害人即使触电身亡，也由于达不到额定200毫安的剩余动作电流而绝对不会产生反应自动断电。

最后，原告未能够证明供电公司实施了任何违法供电造成人身损害的行为，亦不能证明供电公司输送给姚某处的电力不合格，应当推定供电公司输送给姚某的电力是符合国家和电力行业标准的。姚某作为用电户，应当在电能表以下的产权范围内安装末级漏电保护器，如因为没有安装而引发的事故，责任应当自负。

【风险防范建议】

加强农村地区末级保护器安装的宣传，规范供电企业的安装行为，最好书面告知农村低压用户总保、中保和户保的工作原理、保护范围及产权主体。

案例七　村民私自挪动屋后电线杆被砸身亡案

李某家房屋后边有一根低压线路的电线杆，距离房屋6米，李某认为这个电线杆实在不安全，于是就擅自开挖这个电线杆，结果在开挖过程中电线杆歪倒，李某被砸身亡。这根电线杆本来是一条合格线路，因为有村民盖房，于是村里的电工将该线杆上的导线拆除了，准备以后再恢复使用。李某之妻认为此事供电公司应该负责，于是将供电公司告上法庭要求赔偿。

【焦点及相关证据】

1. 原告提供的证据有事故现场的照片两张，显示事故现场以及电线杆所处的位置距离李某的房屋存在安全隐患。同时提供证人，证明电线杆距离房屋6米。

2. 被告提供的证据包括：①该线路的工程验收报告，证明该线路工程为合格工程。②电工出庭作证，证明线路是合格线路，不存在安全隐患。

3. 本案的焦点是：供电公司是否对李某的死亡存在过错，是否应该承担赔偿责任。

【判决结果】

法院确认该事故线路是合格线路，该线路一直安全运行。该线路400伏低压线路最后一段的电线杆位于李某家房屋北边，距离房屋6米左右。但该线路的最后一档铝导线已经被拆除，没有通电。死者李某私自开挖电线杆，在挖电线杆的过程中，电线杆歪倒，李某被砸身亡。

法院认为，原告向人民法院起诉或者被告提出反诉，应当附有符合起诉条件的相应的证据材料。当事人对自己提出的诉讼请求所依据的事实或者反驳对方诉讼请求所依据的事实有责任提供证据加以证明。没有证据或者证据不足以证明当事人的事实主张的，由负有举证责任的当事人承担不利后果。本案中，原告宋某的丈夫李某擅自开挖县供电公司的电线杆，应该认识到开挖电线杆可能会造成一定的危险，但仍未采取任何安全措施，致使电线杆歪倒将其砸死。《电力设施保护条例》第十四条规定，任何单位或个人不得从事下列危害电力线路设施的行为：……⑧在杆塔、拉线基础的规定范围内取土、打桩、钻探、开挖或倾倒酸、碱、盐及其他有害化学物品，第十七条规定，任何单位或个人必须经县级以上地方电力管理部门批准，并采取安全措施后，方可进行下列作业或活动：在架空电力线路保护区内进行农田水利基本建设工程及打桩、钻探、开挖等作业。可见，李某擅自开挖电杆的行为违反了上述规定，其应对自己的行为负责。原告没有确切证据证明被告供电公司在本案中有过错，因此，原告要求被告供电公司赔偿，缺乏事实根据，法院不予支持。被告辩称的理由成立，法院予以采信。本案经调解无效，根据《中华人民共和国侵权责任法》第二十七条、《最高人民法院关于民事诉讼证据的若干规定》第二条之规定，判决驳回原告宋某的诉讼请求。

【案件评析】

1. 供电公司在本案中不存在过错

①电线杆至房屋的距离是安全距离。电线杆与李某的房屋构成了民法中的相邻关系。相邻关系中如果因为一方的行为给对方造成妨碍或损失，则一方有停止侵害、排除妨碍和赔偿损失的责任，也即一方存在过错。但是根据法院确认的证据显示，本事故涉及的线路为安全运行了十几年的合格线路，而且电线杆距离房屋为 6 米，也符合电力设施安全距离的规定，且为低压线路，对周围环境危害很小，只要电线杆地基稳固，没有安全隐患，都是合格的。原告没有证据证明该电线杆存在地基不稳等安全隐患。②该事故电线杆没有通电，李某不存在被低压电电击的可能性。

2. 死者李某存在明显过错，应该承担事故的责任

本案中的电线杆本来没有安全隐患，但是李某认为电线杆对他家房屋造成了危害，在没有任何施工经验以及安全措施的情况下，就私自动手移动电线杆。对一个具有完全民事行为能力的人来说，巨大的电线杆如果在其地基被松动时会发生什么样的情况，他应该是可以预见的，李某却一意孤行，最后酿成了悲剧。李某存在重大过错，而且他的行为也是一种破坏电力设施的行为，本质是属于违法行为。保护电力设施人人有责，决不允许随意破坏。

【风险防范建议】

本案为一起涉及电力设施相邻关系的案件。在本案中，原告的丈夫，即死者李某的行为存在重大过错，应该承担后果。本案是一般侵权案件，适用“谁主张，谁举证”的原则，原告没证据证明被告供电公司有过错，而供电公司则充分证明了自己没有过错，则本案的结果就已明了。供电公司架设安全的线路同时对线路进行了很好的维护，也使得在案件处理过程

中具有明显优势。另外需要注意的是，此案中电线杆没任何危及居民房屋安全的隐患，而死者却认为电线杆不安全，说明居民在观念上对电力设施对周围环境影响的认识还存有很多误区，例如架空线路保护区与房屋的安全距离应该是多少、如果居民觉得电线杆有安全隐患该通过什么途径反映、移动电线杆应该经过什么样的流程等，这都需要供电公司的运维人员进行有效的宣传，尽量避免此类悲剧的发生。同时，供电公司的职工也应该多学习电力设施保护区和电力设施相邻关系方面的法律知识，消除事故隐患，减少运营风险和成本。

案例八　儿童在变压器上玩耍触电受伤案

李某 7 岁，这天下午到离家不远的砂场玩耍，砂场内部有一顶部安装了变压器的简易房，由于该房顶与地面距离较近，李某就爬到房顶去玩，结果被房顶的变压器高压电击伤，构成八级伤残。于是，李某的家长把砂场的负责人和供电公司告上法庭维权。

【焦点及相关证据】

本案系无民事行为能力人高压触电人身损害案件。

1. 变压器的产权人和管理人

本案的案发地点原来是一个砂场，由耿甲、耿乙和耿丙共同出资合伙经营。涉事变压器和简易房也是三个人按份出资购买的。后牛某又出资从耿丙处购得他的份额，耿丙不再参与经营。2015 年耿甲不再使用该变压器，2016 年 3 月耿乙也不再使用该变压器，由牛某继续使用。直到该砂场被强制关停，变压器才断电。但是牛某后来又私自为变压器接通了高压线，导致李某被高压电击伤。法庭确认，涉案变压器系三被告牛某、耿甲、耿乙三人按份共有，虽然耿甲和耿乙在案发前不再使用该变压器，但是共有人对该变压器的产权并没有做出处分，所以仍然是变压器的共有产权人，同时变压器在使用期间也是由三被告共同管理的。而且牛某还在政府要求砂场关门后私自使用变压器，存在重大过错。

2. 无民事行为能力人监护人是否需要承担责任

李某家距离涉事砂场很近，李某父母应该知道这个砂场里有变压器，但还是让李某独自玩耍，可以认定李某的监护人没有履行好监护职责。监护人存在过错需要承担相应的责任。

3. 供电公司是否要承担责任

从前面的分析可以得知，供电公司不是涉事变压器的产权人，也不负责对变压器的管理和日常维护，双方也没有签订代管协议，所以供电公司不需要承担责任。

【判决结果】

一审法院判决牛某、耿甲、耿乙三名被告共同承担80%的责任，原告的监护人承担20%的责任，供电公司不承担责任。

【案例评析】

1. 关于无民事行为能力人及其监护人责任的问题

《中华人民共和国民法总则》第二十条规定："不满八周岁的未成年人为无民事行为能力人，由其法定代理人代理实施民事法律行为。"第二十一条规定："不能辨认自己行为的成年人为无民事行为能力人，由其法定代理人代理实施民事法律行为。"也就是说，不满八周岁或者不能辨认自己行为的成年人是无民事行为能力人，无民事行为能力人无法辨认自己的行为，自然也不能承担相应的责任。《最高人民法院关于贯彻执行〈中华人民共和国民法通则〉若干问题的意见》第十条规定："监护人的监护职责包括：保护被监护人的身体健康，照顾被监护人的生活，管理和保护被监护人的财产，代理被监护人进行民事活动，对被监护人进行管理和教育，在被监护人合法权益受到侵害或者与人发生争议时，代理其进行诉讼。"《民法通则》也规定，监护人不履行监护职责或者侵害被监护人合法权益的，应当承担法律责任。

2. 本案审理过程中，法官首先确认的是电力设施的产权归属，在此基础上进行了责任的认定和划分

涉案的变压器是由牛某、耿甲和耿乙购买和使用的，最早安装变压器的主体不是供电公司，日常的管理职责也属于这三名被告，三名被告没有安全防范意识，没有在变压器周围加装安全围栏，也没有悬挂警示牌，而且变压器安装的位置（屋顶）与地面的距离过近，牛某还存在违法为变压

器连接高压电的行为。综上所述，三名被告应该承担主要责任。

【风险防范建议】

《农村低压电力技术规程》（DL/T 499—2001）对变压器的安装有如下技术要求：正常环境下配电变压器宜采用柱上安装或屋顶式安装，新建或改造的非临时用电配电变压器不宜采用露天落地安装方式。经济发达地区的农村也可采用箱式变压器。柱上安装或屋顶安装的配电变压器，其底座距地不应小于2.5米。安装在室外的落地配电变压器，四周应设置安全围栏，围栏高度不低于1.8米，拦条间净距不大于0.1米，围栏距变压器的外廓净距不小于0.8米，各侧悬挂“有电危险，严禁入内”的警告牌。变压器底座基础应高于当地最大洪水位，但不得低于0.3米。本案中变压器明显不符合这个规范。如果变压器是由供电公司安装和维护的，一定要注意严格按照电力法律法规以及国家和行业的标准规定，确保质量。按时对自身产权范围内的变压器设施进行全面的维护检修，防患于未然。

案例九　小区的电力设施导致居民触电，供电公司应负什么责任?

苗某10岁，一日在其所居住的小区玩耍，因触摸该小区内的充电车棚栏杆被电击中，后紧急送往医院抢救，确诊为电击伤脑病、支气管炎等，花去巨额医疗费用。苗某及其母亲将该小区的物业公司、开发商以及供电公司告上法庭。本案中的充电车棚由物业公司直接管理，小区的开发商与供电公司签订了高压供电合同，合同中规定，发生事故的供电设施由开发商负责运行维护管理，是设备的产权人。本案中还有一个电工赵某，他利用供电公司废弃不用的电线私自扯线，也从小区的车棚经过。

【焦点及相关证据】

1. 物业公司辩称，物业公司的车棚本身并不漏电，而且物业公司积极和业主协调此事。

2. 开发商辩称，本案的发生与小区内用电没有任何关联性，公司不应当承担责任。

3. 供电公司辩称，事发小区不属于该公司直接管理，开发商有自己的变压器，供电公司只收取以开发商为用户名称的用电量的电费。供电公司与开发商的产权分界点为变压器的T接点处。至于开发商如何对自己的供电设施进行管理、如何收取小区业主的电费与供电公司无关。供电公司对小区用电情况进行管理于法无据，更没有义务管理，因此供电公司不应承担相应责任。

4. 电工赵某辩称自己不是小区电工，电线也不是他架设的。

本案的焦点：

1. 为什么物业公司的车棚会带电？物业公司辩称是电工赵某私自架设电线从车棚经过，电线架设不规范，导致漏电至车棚的栏杆。电工赵某把供电公司废弃不用的电线私自接线，存在窃电的行为，但是始终没有查实这个情况。

2. 车棚的产权属于谁？谁负责管理车棚？小区内电力设施的产权人是谁？车棚是由物业公司建设，方便小区电动车充电使用的，平时由物业公司负责管理。根据供电公司与小区开发商签订的高压供用电合同，该小区供电设施的产权属于开发商，涉事线路的产权也属于开发商。

3. 供电公司是否应该承担相应的责任？供用电合同中规定了供电公司的权利和义务。该合同中约定，为保证供电、用电的安全，供电人将定期或不定期对用电人的用电情况进行检查，用电人应当予以配合。

【判决结果】

一审法院认为：侵害他人生命健康权，依法应当承担侵权责任。本案中，苗某系触摸小区内的车棚栏杆而被电击伤，物业公司作为该车棚的直接管理人，因疏于管理维护而致苗某受伤，故物业公司应承担相应的侵权责任。物业公司未提供充分证据证明苗某触电系小区外部电源漏电所致，故对其要求外来电源的所有人和管理人承担苗某损失的辩解理由，法院不予采纳，赵某对本案事故的发生不应承担责任。根据供电公司与开发商签订的高压供用电合同的约定，发生事故的供电设施归开发商负责运行维护管理。作为小区变压器的产权人，开发商对其负责管理维护的供电线路未尽到安全管理义务，致使小区内用电设施发生事故，应承担相应的侵权责任。作为供电方，供电公司在电力生产运营中获利，维护电力设施、保障用电安全是其法定义务，对本案事故的发生，供电公司也应承担一定责任。供电公司提供的高压供用电合同不能免除其保障用电安全的法定义务，故供电公司所辩其不应承担责任的理由不成立，法院不予采纳。苗某系限制民事行为能力人，其在可能存在漏电隐患的危险区域玩耍，苗某父母作为监护人，未履行好监护职责，应对此事故承担相应的民事责任。

二审法院认为，本案系触电人身损害责任纠纷。本案中，苗某因触摸小区内的车棚栏杆而被电击伤，该车棚栏杆本身是不带电的，苗某触摸该栏杆并未超出安全范围亦不存在过错，故原审法院认定苗某父母应承担民事责任的理由不能成立，应予纠正。供电公司与小区开发商签订有高压供用电合同，该合同中约定，为保证供电、用电的安全，供电人将定期或不定期对用电人的用电情况进行检查，用电人应当予以配合。依据上述合同约定，供电公司对用电情况负有定期或不定期的检查义务，供电公司未及时发现安全隐患，未尽到上述约定义务，故供电公司对本案事故的发生也应承担一定责任。开发商虽与供电公司签订有高压供用电合同，且约定有供电设施维护管理责任分界点，但物业公司是小区内供电设施的实际管理维护义务人，故原审法院让开发商承担责任错误，应予纠正。物业公司作为事故车棚的直接管理人，因疏于管理维护未及时发现安全隐患而致苗某受伤，故物业公司应承担相应的侵权责任。物业公司、开发商均上诉称苗某触电系赵某私自架设的电线断裂搭在小区车棚上造成的，因公安机关对此并未认定，故对上述理由不予采纳，公安机关认定后，物业公司与开发商可另行主张权利。关于责任比例的划分问题，结合本案案情及过错程度，法院酌定物业公司对苗某的损失承担80%的赔偿责任，供电公司对苗某的损失承担20%的赔偿责任。

【案例评析】

1. 供电设施的产权人应承担主要责任。

根据《电力供应与使用条例》第十七条、《供电营业规则》第五十一条的规定，在供电设施上发生事故引起的法律责任，按供电设施产权归属确定，产权归属于谁，谁就承担其拥有的供电设施上发生事故引起的法律责任。本案中，在开发商与供电公司签订的高压供用电合同中，已经明确了电力设施的产权归属，即小区内的电力设施产权属于开发商所有。供用电合同中也明确了产权分界点。因此开发商应当承担主要责任。

2. 物业公司应承担相应的责任。物业公司是车棚的直接管理人，但是在物业公司日常的管理过程中没有及时发现并排除安全隐患，存在过错。

3. 苗某因触摸小区内的车棚栏杆而被电击伤，该车棚栏杆本身是不带电的，苗某触摸该栏杆并未超出安全范围亦不存在过错，因此苗某监护人不应该承担责任。

4. 供电公司应当承担责任。供电公司不是涉事线路的产权人，也不是设施线路的直接管理人，尽管物业公司辩称有迹象表明车棚漏电是因为电工赵某私自使用供电公司弃之不用、没有及时清理的电线私自架设导致，供电公司应当承担过错责任，但是公安局并没有出具相应的调查结果证明车棚漏电与赵某的私扯电线有直接关系，并且两审的法院在此处都没有作出认定。经过一审、二审程序，两级法院认定供电企业有用电检查的义务，并以此判定供电企业最终承担20%的责任。供电公司作为电力的供应方，根据“电力法”《供电营业规则》《供电监管办法》等相关规定，应当定期或不定期对用户执行国家有关电力供应与使用的法规规章制度等情况进行检查，此种检查，既是市供电公司的义务，也应该是供电公司的权利。

【风险防范建议】

输电线路非供电公司所有，且产权人存在现场管理不到位、违约用电甚至窃电等情况，最终供电企业仍然因检查巡视不到位而承担赔偿责任，虽然在触电类案件中判赔比例较低，但与以往以产权归属划分责任的常规理解显然不同。可见产权归属并不是此类案件中法院认定赔偿责任的唯一依据，供电企业作为电力供应部门应高度重视，并慎重开展用电检查工作，加强特殊情况的检查力度，并特别重视证据的留存。

参考文献

［1］梁慧星，陈华彬．物权法［M］．6版．北京：法律出版社，2016.

［2］乔新国．电力法律法规教程［M］．2版．北京：中国电力出版社，2009.

［3］中华人民共和国物权法：案例注释版［M］．4版．北京：中国法制出版社，2019.

［4］国网北京市电力公司．电网企业法律纠纷典型案例评析［M］．北京：中国电力出版社，2016.

［5］姜力维．以案说法：供用电热点问题面对面［M］．北京：中国电力出版社，2013.

［6］李卫东．电网检修典型案例与风险防范［M］．北京：中国电力出版社，2012.

［7］游福兴．电网企业法律风险防范［M］．北京：中国电力出版社，2018.

［8］常用电力法律法规汇编［M］．2版．北京：中国法制出版社，2015.

［9］姜力维．供用电合同实务及纠纷处理［M］．北京：中国电力出版社，2011.

［10］姜力维．人身触电事故防范与处理［M］．北京：中国电力出版社，2012.

［11］国家电网公司人力资源部．国家电网公司生产技能人员职业能力培训通用教材：电力安全生产及防护［M］．北京：中国电力出版

社，2010.

［12］王利明. 合同法［M］. 4 版. 北京：中国人民大学出版社，2013.

［13］杨立新. 侵权责任法［M］. 3 版. 北京：法律出版社，2018.

［14］赵忠龙. 电力法的理念与治理机制研究［M］. 北京：知识产权出版社，2018.

［15］刘慧. 县级供电企业常见法律纠纷案例评析（营销、农电类）［M］. 北京：中国电力出版社，2018.

［16］肖世杰. 电网建设法律风险防范与典型案例评析［M］. 北京：中国电力出版社，2018.

［17］高汝武，李光. 电力法律法规与案例分析［M］. 北京：中国水利水电出版社，2005.